JN410898

自 序

돌이켜 보면 나는 초등학교 시절부터 글쓰기와 글씨쓰기를 유난히 좋아했던 것 같다. 초등학교 4학년 때 군 학예대회에 학교 대표로 뽑혀 서예부문에서 최우수상을 수상한 바도 있고, 중학교 시절에는 이승만 대통령 탄신 몇 주년을 기념하기 위한 백일장에서 생각지도 않게 장원을 하여 당시 국어선생님으로부터 칭찬을 받은 적도 있다. 아마 이로 인해 나는 국문학을 전공하게 되었는지도 모른다.

솔직히 실사구시實事求是의 이공학이 블루칩으로 통하는 현대사회에서, 효용가치가 뚝뚝 떨어지고 있는 학문을 하고 있는 건 아닐까, 이따금 자문해 본 적도 더러 있었다. 그럴 때마다 아무리 물질지상주의가 세상을 뒤흔들어도 인문학이 바탕이 되지 않는다면 진정한 행복의 가치를 어떻게 가늠할 수 있겠느냐는 생각으로 자위하곤 했다.

참 오래도록 말도 글도 안 되는 글들을 괴발개발 써 왔다. 그리고 용감하게도 여기저기에 발표를 했다. 그러나 시간이 흐를수록 그게 아니라는 생각이 들어서 혼자서 얼굴을 붉힐 때도 있었다. 한동안 글 청탁이 와도 사양하거나 글을 쓰지 않기도 했다. 그렇게 한 30년을 흘러 보냈다.

간혹 주위에서 왜 수필집을 내놓지 않느냐고 핀잔 겸 질책을 해왔다. 그래도 독자들이 최소한 시간 낭비했다는 생각은 하지 않는 책이어야지, 쏟아지는 출판 공해에 나까지 덧보탤 일 있나 하는 생각으로 망설여 왔다.

그런데 그런 생각도 한계점에 다다랐는가. 아니 아무래도 나이 탓이지 싶다. 외우 한송寒松 선생이 만날 때마다 빨리 책을 펴내라고 여러 차례 부추긴 것도 출판을 결심하게 된 요인이 아닌가 싶다.

이런저런 우여곡절 끝에 이제 한 권의 책으로 묶기로 했다. 외국 여행에서 주워 온 것들, 삶터에서 몸소 겪은 희로애락, 연구실 속에서 묻어온 편린들, 내가 몸담은 대학에서 뼈저리게 체험했던 동료들의 배신 등등을 정제淨濟하지 않은 채 무질서하게 이 책에 담았다. 더러 버리고픈 마음도 없지는 않았지만, 그 역시 내가 살아온 흔적들이라 부끄러움을 무릅쓰고 그대로 두기로 했다.

마치 실오라기 하나 걸치지 않은 벌거벗은 몸뚱이를 내보이는 기분이다. 그러나 언젠가 한 번은 정리해야 할 일. 이왕 또 하나 책의 모양으로 세상에 던져졌으니 '그저 그만한 사람이 그만한 글을 썼구나.' 하는 넓고 깊은 마음으로 읽어 주었으면 하는 소박한 바람이다.

새삼 뷔퐁의 '문장은 사람이다.'라는 말이 생각난다. 그래서 더 부끄럽고 더더욱 부끄러워진다. 이 책이 세상에 나오기까지 많은 조언과 물심양면으로 도와주신『문학사계』발행인이자 편집인인 한송寒松 황송문 교수님께 충심으로 감사드린다.

2007년 여름 장마철 소나기 내리는 날에
학정재에서 저자 씀

차 례

작가의 말 —— 5

1부 ● 부끄러움의 미학

숭엄한 자연의 꾸짖음 —— 13
정직한 지도자 —— 17
윗물이 맑아야지 —— 21
대학 서경 —— 26
빗물의 상념 —— 30
새 발의 피 —— 35
조상 탓 —— 39
연민의 정 —— 44
부끄러움의 미학 —— 50
침묵의 소리로 —— 55
좋은 사람 —— 59
돌다리를 두드리는 지혜 —— 62

2부 ● 그 말 한 마디

가을 단상 —— 69
꿈속의 고향 —— 74
마음의 뜰 —— 79
비 오는 날이면 —— 83
큰사람의 됨됨이 —— 87
한잔 먹세그려 —— 92
그 말 한마디 —— 98

목련꽃 바람 —— 102
오월 —— 107
참사은회 —— 112
제자로부터 온 편지 —— 116

3부 ● 나무가 고요히 있고자 하나

새들길 —— 123
거연정 가는 길 —— 127
바람과 나무의 슬픔 —— 132
나무가 고요히 있고자 하나 —— 136
선인들의 숨결 —— 140
강호의 삶 —— 144
다시 봉양코자 하나 —— 149
함양 가는 길 —— 153
근원의 동경 —— 158

4부 ● 천둥소리

현해탄을 넘어서 —— 165
징기스칸의 옛 꿈 —— 169
서시 같은 서호 —— 173
운하 속에 잠겨 있는 소주 —— 182
말없이 돌고 도는 역사문화 —— 191
힘없고 이름 없는 사람들의 아우성 —— 197

천둥소리 나이아가라 —— 202
하찮은 인간들의 좁은 가슴 —— 205
톨 강가의 승마와 낚시 —— 210
호주 웨스턴시드니 대학 —— 214

5부 ● 금강산은 저만치 그대로

백두산 —— 221
적멸의 고요 —— 230
울릉도 가는 길 —— 235
금강산은 저만치 그대로 —— 240
천왕봉기 1 —— 246
천왕봉기 2 —— 250
한라산 등정 1 —— 254
한라산 등정 2 —— 258

발문 | 전일환의 수필세계 —날선비의 溫故知新—
황송문(시인 /선문대 명예교수) —— 262

1. 부끄러움의 미학

숭엄한 자연의 꾸짖음
정직한 지도자
윗물이 맑아야지
대학서경
빗물의 상념
새 발의 피
조상 탓
연민의 정
부끄러움의 미학
침묵의 소리로
좋은 사람
돌다리를 두드리는 지혜

숭엄한 자연의 꾸짖음

진실이란 도대체 어디에 기준을 두고 하는 말인가? 그것은 어떤 상황에서 어디까지를 한정하는 것일까? 뜬구름같이 오늘은 이런 모습으로 있다가 내일은 또 다른 얼굴로 현현顯現하여 우리 앞에 다가서는 것일까? 알듯 하면서 알 수 없고, 잡힐 듯하면서도 잡히지 않는 실상, 그것이 진실일까?

끊임없이 머리를 스치는 수많은 이런 의문들이 요즈음 나를 바보스럽게 비아냥거리는 것만 같다. 아무리 생각해 보아도 도무지 어떤 현상을 진실이라고 하는지 알 수가 없다.

이제까지 참이요, 진실이라고 믿어왔던 것들이 어느 날 갑자기 헛것이요, 허상이란 인식에 도달했을 때 그 밀려오는 허랑함이나 일종의 배신감을 무상無常한 것이었다는 말로 쉽게 자위할 수 있을까? 아니면 득도得道한 부처들이 무상한 것들을 일컬어 색즉시공色卽是空이라 했으니 색色이 공空이라는 등식으로라도 위안을 삼을까?

진실이란 가변적인 것이다. 시대상황에 따라 얼마든지 그 얼굴을 달리할 수 있다라고 해석하는 사람들이 있을지도 모른다. 요즘 TV나 신문 등 매스컴을 통해 홍수처럼 쏟아내는 사건들이 과연 얼마나 진실에 근거한 것들이라고 믿어야 하는지 참으로 미궁 속이다. 당국의 공식발표에 앞서 의도적으로 흘려보내는 토막토막의 짧은 소식들은 진실과 어떤 상관관계를 맺고 있는가.

최근 정국에 팽팽한 긴장의 불씨가 되어 온 ㅅ의원 밀입북 사건의 언론보도 자세를 보아도 그렇다. ㅅ의원 말고도 2~3명의 의원이 더 밀입북했다고도 하고, ㅅ의원은 내연의 처가 있다고 보도되는가 싶더니, 그건 내연의 처가 아닌 집안끼리 잘 아는 형제지간 같은 처지라는 그런 보도 내용들이 연일 쏟아져 나와 우리를 어리둥절하게 만들고 있다. 도대체 어떤 것이 진실이고 어디까지 믿어야 하는지 알 수가 없다.

언론은 무엇보다도 진실을 알려 국민들이 올바르게 알 수 있도록 해야한다. 어느 누구에 의해 여론조작이 이루어져서도 안 되고, 그런 놀음에 놀아나서도 아니된다. 그런데 당국의 발표라고 해설까지 붙여서 진실 그 자체를 호도糊塗하는 일까지 서슴지 않고 있으니 참으로 한심할 노릇이다. 언론은 사건 그 자체를 여러 각도에서 취재하여 보도해야 하고, 독자나 시청자들이 전체적이고도 종합적인 시각으로 그것을 올바르게 판단할 수 있도록 도와야 한다. 언론의 획일화가 전제체제하에서의 소위 인민재판, 여론재판이라는 이름으로 인간의 기본권인 인권을 얼마나 유린해 왔는지 우리는 너무도 잘 알고 있다.

얼마 전, 나와 같은 과 교수들이 불명예스럽게도 무슨 부정사건에 연루된 것인 양 언론에 오르내린 적이 있었다. 과 교수 서너 명이 언론사를 찾아가 강력한 항의를 했다. 아무 근거도 없이 사실의 진위를 확인하는 절차도 거치지 않고 일방적으로 보도한다는 게 언론의 도덕성에 비추어 부끄럽지 않느냐라고 강하게 공박을 했다. 도대체 어디에서 그런 해괴한 취재를 했느냐고 다그쳐 물었더니 처음엔 무슨 세계언론규정을 내세워 알려줄 수 없다던 그들도 하는 수 없었던지 당국의 책임있는 '고위 당국자'라고 그 취재원을 털어놓았다.

당사자나 그 측근에게 확인해 보는 절차도 없이 당국의 발표라면 그대로 보도해버리는 오늘의 언론들이 과연 진실을 바탕으로 한 정론正論이라고 할 수 있을까? 과거에 언론을 규제하고 통제해왔던 특수한 상황 아래 무비판적으로 언론에 종사했던 언론인들의 매너리즘적인 이런 자세를 과연 바람직하다고 할 수 있을까? 이런 결과로 얼마나 많은 사람들이 억울하게 사회적 활동을 제약받고 일방적으로 고통을 당한 채 살아왔으며, 또 얼마나 많은 사건들이 주체 측의 의도적인 조사와 재판과 징계로 인해 진실이 매장된 채 픽션화되었던가.

현상학現像學적으로 우리의 시각視覺 과정을 통해 인식되어지는 실상實像. 이것은 과연 얼마큼의 진실을 바탕으로 한 실체일까? 화면이나 활자를 통해 지각되는 실상들을 진실이라고만 믿을 수 있을까? 이러한 무수한 질문들에 강하게 도리질하게 되는 것은 분명 이 시대가 가져다준 불신과 공작 때문이지 싶다. 얼마나 많은 역사적인 사건들이 주체자들에 의해 윤색潤色과 조작으로 왜곡되었는지는 과거의 역사나 현대사를 통해서 얼마든지 짐작할 수 있다.

과연 진실이란 어떤 것일까? 현재 우리 앞에 다가서는 형상들 모두가 진실이란 것인가? 보여주고 보여지는 것, 그것을 진실이라고 보아야 하는가? 아무리 묻고 또 되물어보아도 납득되질 않는다.

나는 요즘에 와서야 이제까지 '참'이라고 생각했던 것들이 '거짓'이었다는 것을 깨닫게 되면서 헛 세상을 산 것 같아 스스로 부끄러워하면서 그런 세상을 한탄하고 있다. 내 곁의 동료, 나의 절친한 친구, 그리고 내가 존경하고 따랐던 사람들의 모습이 내가 인식했던 '참모습'이 아닌 허상이었다니…. 그로 인해 밀려드는 실망과 회의가 얼마나 나를 채찍질하고 비아냥거리는지 모른다.

새삼 안광眼光이 지배紙背를 꿰뚫지 못하고, 허상의 표피에 가려진 실상을 보지 못하는 범부凡夫의 우매함으로 한없이 자신이 초라해짐을 느낀다. 그래서 선인들은 세상을 보는 방식을 『논어』를 통해 가르치려 했던 것이 아닌가 하는 생각이 든다.

사람이 넉넉할 때는 어떤 일을 하는가를 보아야 하고, 어려울 때는 하지 않아야 할 짓을 하는가를 보아야 하며, 귀히 되었을 때는 어떤 사람을 천거하는가를 보아야 한다는 것을.

날씨가 고르고 좋을 땐 잎사귀가 너른 것이 푸르다고 너울거리지만, 된서리나 흰눈이 내리는 세한歲寒이 되면 그런 것일수록 어디론가 흔적 없이 사라져 버리는 법이다. 하지만 평소 잎사귀 같지 않던 소나무나 잣나무는 자 넘는 눈을 머리에 이고도 푸른 자태를 잃지 않는 고절高節을 우리 인간들에게 보여준다. 세한송백歲寒松柏! 이 얼마나 숭엄한 자연의 꾸짖음인가? 시시때때 편리한 대로 부유浮遊하는 인간의 속성俗性에 경고 있을지어다.

(1989)

정직한 지도자

세상이 온통 부정과 검은 돈의 커넥션으로 떠들썩하다. 무슨 무슨 로비사건이 연일 터지더니 급기야 청와대 비서관까지 연루된 사실이 밝혀져 또 한번 실소失笑를 금할 수가 없다. 세상이 왜 이런지 모르겠다. 처음 여론선상에 오를 때만 해도 그런 일은 들은 적도, 본 적도 없다고 한사코 발뺌을 하더니, 이제 와선 국가에 보탬이 될 것 같아 그렇게 했노라고 말을 바꾸고 있으니 도무지 종잡을 수가 없다.

게다가 자신은 법적인 책임이 없다고 강변하고 있으니 나라의 공복치고는 너무나 치졸한 처사가 아닌가 싶다. 우리네 공직자들은 입만 열면 거짓말이 함박눈 쏟아지듯이 난무한다.

한때 우리는 정부에서 발표하는 것들을 모두 반대로 받아들여야 하는 시대가 있었다. 쌀값이 내린다면 그건 필경 오른다는 말이며, 기름 값이 오른다면 반드시 내린다는 말로 통용되었다. 지금 생각해 보아도 기가 막힐 일이 아닐 수 없다.

세상에 있지도 않은 보물선을 만들어 주식을 수백, 수천 배로 뻥튀겨서 수백억 원을 나누어 가졌다니 대동강 물을 팔아먹었다던 천하에 봉이 김선달도 이 소리를 들으면 자다가도

웃을 노릇이다. 이건 조작造作이 아니라 숫제 공작工作이다. 우리나라의 정치 공작은 세계에 내놓아도 수준급 이상이다. 사회경제적인 것도 이에 못지않다.

이런 세상이고 보면, 대한의 아들로서 국방의 의무를 당당하게 이행하겠노라던 유명 인기가수가 미국시민권을 취득했다고 허탈해 할 수 있을까 싶다. 이 젊은이가 보여준 것처럼 우리나라는 훌륭한 지도자가 길러질 수 있는 어떤 환경도 갖추어지지 않은 나라다. 가정에서도, 학교에서도, 사회에서도 올바름을 찾아볼 수가 없다. 세상이 온통 거짓말 천지요, 비리와 탈법이 판을 치고 있으니 법을 지키는 사람이 바보가 될 지경이다.

얼마 전, 세계적인 역사학자인 미국 예일 대학의 폴 케네디 교수가 지도자가 갖추어야 할 덕목으로 '정직'과 '희생정신'을 꼽았다. 작은 단체든 큰 단체든 단체를 이끌 수 있는 지도자가 되기 위해서는 반드시 정직해야 하며 남을 위해 자신을 희생할 수 있는 정신이 있어야 한다는 것이다. 그리고 지도자는 태어나는 게 아니라 길러지는 것이라고 했다.

누군가 동양에서 세계적인 지도자가 나올 수 있느냐고 묻자, 우리나라는 아예 거론조차 하지 않은 채, 일본에서는 지도자가 길러질 수 없고, 중국에서는 '크레이지 리더(광적인 지도자)'가 나올 수 있다고 했다. 그 말이 지금도 생생하다. 언급은 없었지만 그 이면에는 한국에서는 그런 지도자가 길러질 수 없다는 예리한 통찰력이 들어있는 것 같아 부끄러움과 한심함이 함께 일었다.

조선 정조 때 홍만종의 『순오지旬五志』 속에는 우산 산傘자의 파자풀이를 통해 지도자론을 보여주고 있다. 그는 위에 있는 큰 한 사람人은 수십인數十人의 아랫사람이 떠받듦으로 복 많은 사람이라 했다. 전제봉건사회주의적인 해석이라 간단히 보아넘길 수 있는 말이지만, 이를 다시 현대적으로 해석해 보면 또 다른 진의眞義를 이끌어 낼 수 있다.

우산은 본디 비바람을 일차적으로 직접 맞아 막아줌으로써 그밑에 있는 사람들이 비와 바람을 피할 수 있게 한다. 즉 자신이 희생한다면 휘하의 많은 사람들이 평안해질 수 있다는 것이다.

실제로 역사적으로 이름난 지도자들은 한결같이 자신을 돌보지 아니하고 자신을 몸소 바친 지사志士나 열사烈士들이다. 처자식까지 목을 베어 죽인 뒤 5천의 군사로 나당연합군과 싸우다 장렬하게 전사한 계백장군이나, 백의종군하면서 오직 나라를 위해 목숨을 바친 이순신 장군 등이 그렇고, 일제암흑기에 구국의 일념으로 몸을 던진 수많은 의병장들이 그렇다.

그게 바로 자신을 버리면서 남에게 이바지하는 고귀한 희생정신이다. 나만 알고 남을 배려할 줄 모르는 약삭빠른 현대인들에게는 이런 사람들이 바보천치로 보일 테지만 말이다.

올해는 지방을 이끌고, 나라를 책임질 지도자를 뽑는 양대선거가 있는 해이다. 벌써부터 7룡이니, 8룡이니 하면서 자신만이 지역을 나라를 책임질 수 있다고 떠들어대고 있지만, 정작 나라와 민족을 위해 자신을 희생할 수 있는 정직한 지도자가 나올지 모르겠다. 제발 나라를 이끌어 가겠다는 사람들 가운데, 또다시 자신이나 자식들의 병역문제가 불거져서 볼썽사나운 추태를 보이지 않았으면 좋겠다.

그래야 병역기피를 위해 미국시민권을 따낸 제2의 인기가수들의 치기가 재현되지 않을 게 아닌가 말이다.

(1998)

윗물이 맑아야지

세상이 왜 이럴까? 종교계에서 일컫는 말세가 도래한 것일까? 아니면 인간의 도덕적 규범이 물질지상주의의 사조 앞에서 맥을 못 추도록 그 시효를 상실해 버린 탓일까?

사람이 살아가는 세상에서 도덕의 실종이란 있을 수가 없다. 그래서는 삶의 벼랑이요, 더 나아갈 수 없는 끝장이다. 오늘의 이러한 종말적 상황은 너나 할 것 없이 우리 모두가 책임져야 할 중대한 문제다.

애시 당초 우리나라는 광복부터 외세에 밀려 이루어졌고, 공화국의 탄생조차 절름발이었으니 우리 민족의 정기正氣 그 자체가 정상적일 수 없었던 것은 오히려 당연한 결과다.

이런 것들의 무수한 악순환은 으레 부도덕화나 제도적 부패를 낳을 수밖에 없다. 그리하여 올곧은 것보다는 올 굽은 것이 바른 것인 양 제자리를 차지하고 말았다. 정직과 청빈은 좀 모자란 사람이나 하는 짓이요, 불의와 사기, 모함과 공작은 잘난 사람의 전유물이 되었다. 그런 사람이 유능한 인간으로 취급되어지는 서글픈 세상이다.

이런 숨 막힐 듯한 도덕의 진공상태는 남이야 어떻든 나만

편하고 좋으면 된다는 극단의 편의주의나 이기주의를 낳았다. 5·16이후 과거의 군사정부는 그 본래의 청빈이나 무용武勇을 저버리고 경제개발과 민족중흥이라는 미명 아래 스스로의 부당한 행위를 합리화하는 미봉책으로 일관해 왔다.

윗물이 맑아야 아랫물이 맑은 법이다. 이토록 썩고 악취 나는 윗물은 천지개벽이 이뤄진다 해도 맑을 수 없다. 옛말에 백년하청百年河淸이라 했던가. 이러한 비정상적인 사회적 현실은 무슨 일이든 수단 방법을 가리지 아니하고 힘 있는 자리에 앉고 보자는 한탕주의 세태로 변질되고 있다. 힘 있는 자리야말로 무소불능의 자리이기 때문이다. 누군가 권력의 속성을 명예, 돈, 여자라고 정의를 내렸다는 것은 이러한 시점에서 시사하는 바가 크다.

학교마다 「국민윤리」라는 교과과정을 만들어 가르치고 있지만, 국민의 정의감이나 도덕심의 함양보다는 오히려 힘의 정당성만을 강조하지 않았는지 되돌아 볼 때이다. 전통적인 도덕개념이 퇴색되고 물질만 많으면 못할 것이 없다는 잘못된 가치가 이 사회를 지배해온 나머지 가장 존귀한 도덕적 인간관계마저 퇴락시켜 버렸다. 인간관계가 이해타산에 의해 관계지어지는 세상이고 보니 인간은 물질을 얻기 위한 수단이나 부품쯤으로 전락하고 말았다.

살인, 폭행, 인신매매, 마약 등은 매일 보도매체를 통해 일상적으로 접하는 심각한 목록들이요, 이 사회의 건강성을 잴 수 있는 기준이 되었다. 눈만 뜨면 각종 종교들이 놀랍게 생겨나도 웬일인지 이러한 어두운 현상들은 오히려 급속도로 확산되고 있으니 교육도 종교도 제 나름의 구실을 못하기 때문이 아닐까. 학교는 입시기계의 생산공장 같고, 종교도 물질 앞에 타락한 형해形骸만 남아 비틀거리고 있다.

학교엔 정의롭고 참된 교육자가 드물고, 가정엔 부모다운 부모가 드물며, 교회엔 정의와 진리를 외치는 성직자가 드물다. 민족과 나라를 위한다던 정치계도 진정한 지도자가 보이지 않는다. 모두들 기본적인 도덕과 윤리를 잃고 스스로의 좌표를 망각한 군상들이 이 거대한 흐름에 떠밀려 가고 있다.

소위 진리와 정의를 양대 동량棟樑으로 삼는다던 대학도 밖에서 보면 그런 신성한 곳이 아니다. 나는 과거 무도한 위정자들이 보여준 힘의 논리를 부도덕하고 비인간적인 한 대학의 총장을 통해 처절하게 체험하였다. 아무런 잘못이 없는데도 자기를 따르지 않는다고 단두대에 올리려다 오히려 스스로가 총장직을 물러난 엄연한 순리를 나는 보았다.

무슨 죄가 있느냐고 항변하는 우리들에게 '여론재판'이란 것도 있지 않느냐고 떵떵거렸던, 지성인의 탈을 쓴 그 뻔뻔스럽고 한심한 무뢰한의 작태를 보았다. 자신의 자리를 지키기 위해서라면 학교나 교수, 학생들의 명예나 권리는 아랑곳하지 않고 언론매체까지 동원하여 매도, 조작행위를 스스럼없이 자행했으니 대학이 어떻게 됐을 것인가는 불을 보듯 뻔한 일이다. 도무지 학문을 하고 인격을 도야하는 신성한 지성의 전당이라고 생각하기 어렵다.

발전의 고삐를 역회전시켜 원상을 찾기까지에는 또 얼마나 많은 세월을 요할지 짐작되고도 남는다. 내가 자리한 직책이 호구지책이었다는 처절한 생각에 이른 것도 너무 쓰라린 체험이었다. 그러나 이보다 더욱 나를 슬프게 한 것은 인간에 대한 짙은 회의懷疑와 좌절이었다. 친구도, 동료도, 제자도 이 해타산에 너무도 무력한 존재였다는 진면목을 그만 봐버렸기 때문이다.

논어의 「자한」편에 일렀던 「세한歲寒의 송백松柏」의 참뜻을 몸소 터득할 수 있었던 것도 이런 사태가 가져다 준 덕분이라고 해야 할까. 소나무나 잣나무만은 몇 자의 눈을 머리에 이고도 그 청청靑靑함을 잃지 않는다. 언제나 한결같은 모습으로 변함없는 고결한 기개를 침묵으로 웅변하고 있으니 우리 선인들이 이러한 송백의 기품을 고금 서화의 주요 소재로 삼는 소이연所以然이 여기에 있는 게 아닐까 싶다.

나는 인간에게서 양면적인 이러한 허실을 절감했다. 평상시엔 모두가 의인이요, 정직 담백한 사람들 뿐이다. 그러나 어려움이 닥칠 때는 득실得失을 가려 의리나 우정이란 것은 온데간데없이 내팽개쳐지고 자신의 본바탕을 여지없이 드러내놓는다. 실오라기 하나 걸치지 않고, 오장육부까지 환하게 드러내는 벌거숭이 그대로 말이다.

정말이지 인간처럼 무상無常한 것은 없다. 영악하리만치 이해득실을 셈하면서 얼굴을 바꾸고 자신이 가장 슬기롭고 지혜롭다고 생각하면서 세상을 살아간다.

대학까지 이 지경에 이르렀다면 이제 막다른 골목이다. 정치도, 경제도, 문화 · 예술도 이렇듯 제자리 값을 못하고 어정거리고 있으니 어찌해야 좋을지. 세상이 온통 이처럼 치사하고, 최소한의 도덕이란 것을 그 어디에서도 찾아보기 힘든 숨막힐 듯한 진공상태다. 공갈, 협박, 납치, 폭행, 사기, 조작 등 흉포한 범법자들이 날이 갈수록 횡행하는 사회가 정녕 우리 인간이 바라고 추구했던 세상이었을까?

이제부터라도 썩고 흐려진 윗물부터 맑게 하는 방법을 서두르지 않으면 안 된다. 고도의 정화淨化 장치를 제도화한다면 아랫물이 맑을 수 있다는 평범한 인식으로부터 출발해야 한다. 진정으로 민족과 국가를 위하는 충정에서 범법과 탈법을 뿌리 뽑고 인간이 살아가는 진정한 가치의식을 회복한다면 사람 사는 즐거움을 누릴 수 있는 세상이 될 것이기 때문이다.

이제 우리를 찬찬히 되돌아볼 때이다. 잃었던 우리의 얼굴과 모습을 기억해내고 실종된 도덕성을 시급히 회복하여 우리의 후손들이 행복하게 살아갈 이 땅을 물려주어야 할 것이다.

(1990)

대학 서경

내가 근무하는 대학은 용머리고개 너머 천잠산天蠶山 기슭에 자리하고 있다. 근처에 옥녀봉玉女峯이며 베틀대, 척동尺洞이가 있는 걸 보면 천잠산과 이 삼자 사이엔 제법 그럴듯한 연관성이 있을 법한 생각이 든다. 사실 천잠산이란 이름은 능선의 모양이 꼭 뽕잎을 쏠고 있는 누에의 모습과 똑같다고 하여 도참설을 바탕으로 붙여진 이름이다.

일제 때의 지도를 보면 누에 '잠蠶' 자 대신에 어른 '장長' 자를 써서 천장산天長山으로 나와 있다. 이처럼 이름을 바꾼 것은 왜놈들의 악랄한 문화말살정책 때문이었을 것으로 보여진다. 이 산은 도참설에 의한 풍수적 명칭으로 보더라도 어디까지나 천잠산이라 해야 옳다. 그래서 입담 좋은 호사가들은 옥녀봉이라 이름 짓고 베틀대와 척동마을까지 마련하여 이야기를 꾸려갔을 테지만, 지금은 이에 얽힌 아름다운 전설이 사람의 입에 오르내리지 않아 잘 아는 이가 드물다.

비단의 역사가 고대 중국으로부터 시작되었다는 것은 보편화된 이야기다. 예로부터 중국의 비단은 고대 아시아의 내륙부를 가로질러 중국과 서아시아, 지중해 등을 거쳐 서역으로

수출을 했는데 그때 동서를 연결했던 교통로를 실크로드라 했다.

이 실크로드란 말은 독일의 지리학자인 리히토펜이 그의 저서에서 '자이덴슈트라센'이라 쓰기 시작한 데서 비롯되었다고 한다. 이때의 누에는 물론 지금의 누에와는 크게 차이가 나는 야생의 누에였다. 그야말로 하늘로부터 내려진 천연의 누에였을 것이다. 차츰 사람에 의해 길러지는 과정에서 지금처럼 크게 개량되었으리라고 생각된다. 지금도 중국의 소쩌우蘇州 지방에 가면 비단박물관이 있어 2000년 전 중국의 비단 역사를 한눈으로 볼 수가 있다.

그런 비단은 아닐지라도 어쨌든 이곳 천잠산에 자리한 우리 대학은 풍광이 뛰어나게 좋고 아름답다. 멀리 장엄한 모악산이 비운의 후백제의 역사를 머금은 채 누워있고, 남고산성과 승암산이 병풍처럼 둘러있는 전주시가지를 먼발치에 두고 있다. 봄이면 대학 주변은 온통 복숭아꽃으로 뒤덮여 마치 무릉도원 같고, 여름이면 영락없이 솜털 같은 흰구름을 머리에 이고 있는 녹색의 장원莊園이다.

몇 해 전 시인 조병화 선생을 모시고 특별문학강연을 열었던 때가 있었다. 그 때만 해도 건물을 계속 신축중이어서 조경은 아예 엄두도 내지 못한 터였는데도 편운재 조병화 선생은 자연풍광이 여간 아름답지 않다며 찬사를 아끼지 않았던 기억이 새롭다.

사실 이곳은 복숭아 과수원이 즐비하고 천수답이 천잠산을 배경으로 아늑하게 늘어져 있는 한적한 야산지대다. 전주 시내에서 불과 십 리 안팎에 있는 그리 멀지 않은 곳이지만 대학이 들어서기 7~8년 전만 하더라도 사람의 발길이 닿지 않은 한적한 시골이었다.

도로가 좁은데다가 꾸불꾸불한 비포장 길이어서 간혹 버스가 지나기라도 하면 뽀오얀 먼지로 한동안 앞뒤를 분간하기 어려웠다. 그래서 이곳을 다니다 보면 마치 이 같은 정경이 멀어져 간 옛 고향 길 같다는 생각이 들곤 했다. 그런데 여기에 대학이 들어서면서 마을이 커졌다. 이 근처에 성묘하러 온 사람들이 옛길을 찾지 못해 가끔 어리둥절해 하는 모습을 심심찮게 볼 수가 있다고 한다.

멀리 바라다 보이는 모악산 허리에 저녁연기가 감돌고 어둠이 어렴풋이 깔리기 시작하면 어디선가 개구리 울음소리가 들려오고, 빼꾸기가 이에 화답을 한다. 정말 이이李珥의 「낙지가樂志歌」에 나오는 "야당野塘에 와명蛙鳴하니 산가山家의 고취鼓吹로다. 이삼경二三更 여름밤에 이 역시 경景이로다"의 경지가 따로 없지 싶다.

자세히 귀를 기울이면 개구리 울음소리만은 아니다. 이따금씩 까치 소리도 들리고, 휘파람새 소리가 아주 맑고 곱게 목청을 돋운다. 어쩌다가 빗방울 듣는 소리도 나고 바람에 나뭇잎 갈리는 소리도 들린다. 이러한 한여름 밤의 합창을 듣노라면 늘 잃어버린 고향 생각에 콧잔등이 시려온다.

요즘처럼 살기가 어렵고 고달플수록 고향의 한여름 밤이 그리워진다. 모깃불 가에 마당만한 멍석이 깔리고, 할머니 옆에 누우면 초롱초롱한 하늘의 별들이 유난히 빛났다. 세상이 각박하고 사람들이 싫어질 때면 더욱 그 때 할머니 품속이 그립고 고향이 그리워진다. 왠지 요즘 사람들은 남을 사랑하고 아낄 줄 모른다. 잘 알지도 못하면서 남의 이야기를 거침없이 무책임하게 늘어놓고 헐뜯는다. 한 이태 동안 나는 이런 풍문에 심신이 얼마나 시달리고 곤고했는지 모른다. 그저 아무런 책임감도 없이 흘리는 말이 유언流言이요, 벌레만큼도 못되는 무가치한 말이 비어蜚語다. 이런 유언비어에 휘말려 얼마나 억울하게 몸살을 앓았는지 모른다.

제발이지 이 성스러운 상아탑에선 이런 몸살이 없었으면 좋겠다. 이제는 개구리와 산새들과 바람소리가 한데 어울려 이루어낸 한여름 밤의 아름다운 합창만이 우리 대학 교정에 울려 퍼졌으면 좋겠다. 몸살을 앓게 하는 유언비어도, 그리고 남을 헐뜯는 중상모략도 이 한여름에 다 녹아내려 한 점 흔적도 없이 사라지길 기원해 본다.

(1983)

빗물의 상념

불휘 기픈 남간 바라매 아니 뮐쎄
곶됴코 여름하나니
(뿌리가 깊은 나무는 바람이 불어도 흔들림 없어
꽃이 아름답고 열매도 많이 열리나니)

이는 조선조 제7대 세종이 조선개국이 하늘의 뜻임을 널리 알리기 위해 지은 용비어천가 125장 가운데 제1장이다. 뿌리가 깊은 나무라야 꽃을 아름답게 피우고 많은 열매를 맺듯이 조선 왕조의 근원이 심원深遠할 뿐더러 무궁하게 번창할 것이라는 역사적 사실을 은유한 노래다. 오늘날 우리가 즐겨 사용하고 있는 계절의 이름인 '여름'도 바로 이 '여름하나니'의 '여름'으로부터 나왔다.

봄, 여름, 가을, 겨울, 이 4계절의 이름은 우리 선인들이 즐겨 썼던 한자어 춘春, 하夏, 추秋, 동冬에 결코 자리를 넘겨주지 않고 오히려 더 큰 세력을 견지해왔다. 그건 우리말이 뜻글자인 한자말보다 더 아름다울 뿐만 아니라, 한자말처럼 글자에 담겨진 의미를 골똘히 헤아릴 필요가 없기 때문이 아닐까 한다. '봄'이란 말은 '보다'의 어간 '보'를 이름할 때, 'ㅁ'이나 '음'을 붙여서 '봄', 혹은 '보음'이라 한 것이 굳어진 것이다.

'여름'도 용비어천가에서 볼 수 있는 것처럼 꽃이 아름다울수록 벌과 나비가 많이 날아들고 암수의 꽃가루받이가 잘 이루어져서 열매가 많이 열리게 된다는 자연법칙에서 출발되었다. 열매가 '열다'는 어간 '열'에 '음'을 붙이면 '열음', 또는 '여름'이 된다. 중세 우리 국어에서는 '열음'이라 하지 않고, 연철連綴하여 '여름'이라 즐겨 썼다. 그 때의 '여름'이란 오늘날과 같이 '하계夏季'라는 '여름'이 아니라, '열매'라는 의미로 말이다.

언뜻 보면 이 둘은 서로 다른 별개의 낱말인 것처럼 보이지만 가만히 조응照凝해 보면 같은 것에서 출발되었다는 데 이른다. 어느 대중가요에서 보듯 '봄에는 꽃이 피고 여름에는 열매 맺어 가을에는 풍년이 든다'는 것처럼, 여름은 풍성한 열매가 주렁주렁 열리는 계절임으로 서로 같은 말이라는 것을 쉽게 짐작할 수가 있다. 그러기에 독일의 시인 라이너 마리아 릴케는 「가을날」이라는 시에서 "지난여름은 참으로 위대하였습니다"라고 노래하지 않았나 싶다.

여름은 열매의 계절이다. 온갖 식물이 '열음'을 하는 때라는 것이다. 이처럼 우리말에는 동질적인 것으로 시작되어 이루어진 말들이 많다.

오늘날 우리가 즐겨 쓰는 말 가운데 '사랑한다'는 말은 애초에 '생각한다'는 말이었고, 사랑한다는 뜻을 가진 말은 본디 '괴다'였다. 그러나 이 말은 '사랑한다'는 말에 자리를 넘겨준 뒤 슬그머니 사라지고 말았다. '어여쁘다'는 말도 본시 '불쌍하다'라는 의미를 지니고 있었지만, 오늘날에는 그 뜻 대신에 '예쁘다', '아름답다'는 의미로 바뀌어졌다.

여름에는 모든 식물들이 열매를 맺는다. 그러기에 작열하는 태양이 머리 위에서 쏟아지고 비도 자주 내린다. 열매를 맺는 데는 태양과 물이 필요하기 때문이다. 이것이 하나님의 순리요, 섭리다.

물이야말로 온갖 세상만물에게 없어서는 안 될 절대적인 요소다. 농사가 사회를 지탱해 주었던 농본사회에서는 물의 관리야말로 지상최대의 과업이었다. 그러므로 절대군주사회에서 임금이 비를 몰아오는 '용龍'으로 상징되는 소이연所以然이 여기에 있지 않나 싶다.

여름은 태양과 비의 계절이다. 여름비는 내 기억 속에서는 언제나 아련한 낭만으로 자리하고 있다. 아이들과 동네 앞 시냇가에 나가 미역을 감고 피라미를 잡느라 넋을 잃고 있으면 갑자기 소낙비는 뭉게구름 속에서 펼쳐지는 뇌성벽력과 함께 쏟아지곤 했다.

이 느닷없는 소낙비로 인해 우리들은 영락없이 물에 빠진 생쥐 꼴이 되고, 그럴 때면 우리들은 비를 피하기 위해 가까운 원두막으로 줄달음쳤다. 으레 냇가 근처에는 개구리참외와 수박이 나뒹구는 원두막이 우리 하동河童들을 기다리고 있었다. 우리들에게 원두막은 과일을 사고파는 곳이라기보다 서리를 하는 곳이었다.

그러나 요즘 여름에는 이런 낭만적인 여름비를 좀체 만나보기가 어렵다. 한번 내렸다 하면 게릴라성 집중호우가 되어 오히려 인간의 삶을 송두리째 앗아가 우리를 허탈에 빠뜨리기 때문이다. 노아의 홍수마냥 아예 지상의 모든 것들을 한꺼번에 휩쓸고 가 사람들을 온통 공포의 도가니로 몰아넣는다.

작년 여름 강원도를 휩쓸어버린 여름 폭우도 그랬다. 하루에도 몇 달 치에 맞먹는 몇 백 밀리를 물동이로 물 붓듯이 쏟아 부어 세상을 온통 물바다로 만들어 버렸다. 봄과 여름에 정성스레 가꾸었던 논밭과 집과 가축들까지 삽시간에 휩쓸었다.

가히 자연의 진노震怒가 어떤 것이며, 자연을 거슬리는 일이 얼마나 가공스러운 일인가를 우리 인간들에게 시위하는 것 같았다. 이를 보면서 우리 인간들이라는 게 자연 앞에 얼마나 무기력하고 나약한 존재인가를 깨닫게 했다.

물이란 순리의 대명사다. 물은 반드시 위에서 아래로 흐르고, 깊을수록 조용하며, 높은 곳보다 낮은 곳을 찾아 어디에 처하더라도 불만하지 않는다고 노자老子는 말하였다. 그리하여 오만불손한 인간들에게 장유長幼의 질서와 겸손의 아름다움을 알게 하고, 물처럼 깨끗하게 살라는 정결의 교훈을 주었다.

오늘도 거실 한 켠에서 나를 보고 있는 '隨處樂수처락'이라 새긴 전각篆刻 편액을 쳐다본다. 「어디에 처하든 즐거워하라.」 말이야 그래도 물처럼 그렇게 산다는 게 어디 쉬운 일인가.

이건 10여 년 전, 전각예술인으로 활약하고 있던 제자가 스승의 날에 내게 선물한 아담한 편액이다. 불행히도 해직교수로 가슴앓이를 앓던 때라, 그 때 그 선물의 기쁨은 배가되어

나를 위로했고, 지금도 잔잔한 물의 진리를 말없이 나에게 이르고 있다.

비 오는 여름날의 자그만 뜰안, 수많은 크고 작은 빗방울을 만들면서 낮은 곳으로만 흘러가는 빗물의 상념 속에서 물처럼 겸허하라고.

(1990)

새 발의 피

큰 것에 비해 상대적으로 하찮은 것을 비유할 때 흔히들 '새 발의 피'란 말을 자주 쓴다. 과문한 탓에 그저 말 잘하는 호사가들이 지어낸 것이겠거니 지나쳐 버리다가 몇 해 전인가 홍만종洪萬宗의 『순오지旬五志』에서 이 속담을 발견하고는 묘한 감정을 억누르지 못했던 기억이 있다.

현묵자玄默子 홍만종은 당시 민중들 사이에 항용되던 속담 백수십 개를 경향 각지에서 모아 수록하면서 "다만 이전 사람들이 쓴 글을 보면 그 가운데에는 지금도 그 의미를 알 수 있는 속담들이 들어 있는데, 이 같은 것은 추상컨대 필시 옛날에는 즐겨 썼으나 지금은 쓰지 않는 것들일 것이다. 역시 어찌 알랴. 나의 이 소록所錄이 반드시 모두 후세 사람들에게 쓰이어서 후세 사람들이 보기를 오늘날 내가 옛일을 보는 것과 같은지를." 이라고 했다. 그의 역사적 현실감에 이르러서는 실존 그 자체가 어디서부터 어디까지인지 회의懷疑의 골이 더 깊게 파인다.

인생처럼 덧없음이 이에 더할 것이 있으랴 싶다. 정말이지 현묵자가 말한 것처럼 오늘날 내가 쓰는 이런 잡기류들을 훗날 세상 사람들은 뭐라고 할까, 오히려 두려움이 앞서기도 한다. 어찌 말하고 쓰는 일에만 그럴까?

사실 오늘을 사는 우리들이 이러한 역사적 인식을 바탕으로 한다면 얼마나 좋은 세상이 될까? 요즘 전직 대통령 내외 척족들의 상상 못할 비리가 사람들의 입줄에 오르내리면서 때로는 분통을, 때로는 허탈감을 불러일으키게 한다.

우리 선인들은 인생에 있어 가장 중요한 덕목을 도덕으로 삼아왔다. 도道는 길이요, 덕德은 사람다운 사람의 향취를 말함이다. 사람이면 으레 행하여야 할 덕목이 올바로 가야 할 길이요, 사람에게는 사람다운 따스한 정과 사랑이 있어야만 한다는 것이다.

한데 자신의 야욕을 채우기 위해서 철모르는 어린애들의 코 묻은 동전까지 긁어모아 건설한 허황한 대 금강산댐 공사에 대해 아이들에게 무어라 가르칠까. 청렴과 결백의 표상이어야 할 나라 지도자의 추악한 모습을 어떻게 설명해야 할 것인지 아연해지지 않을 수 없다. 세비를 절약하기 위해서 다다미방을 고치지 아니하고, 헌 중절모를 기워 썼다는 이승만 전 대통령이 오히려 돋보이는 것은 이러한 것들에 비례한 대비적 효과 때문이리라.

서재가 너무 협소하고 답답하여 2층에 서재를 만들 심산으로 설계를 내고 온갖 복잡한 서류들을 갖추어서 시청에 제출한 일이 있었다. 그로부터 한참 시간이 흐른 후 관계직원이란 사람이 소위 실사實査를 나왔다가 협소한 서민주택에 설치해 놓은 까대기를 보고는 불법건물이라서 인가해줄 수 없다고 했다. 그 공무원의 말을 듣고는 기가 막혀 한동안 묘한 불쾌감에 젖어서 별의별 생각을 다하다가 단념했던 기억이 아직도 새롭다.

벌써 7~8년 전의 일이지만 주택가 한복판에 소형 아파트 건립을 인가해 준 시장에게 온 동리 사람들이 진정을 하고, 또 직접 면담을 요청하여 강력하게 항의했던 때가 있었다. '일조권, 전망권'을 내세운 우리들에게 시장은 대도시는 주택가에 아파트 신축 인허가가 제한되지만 전주는 그런 규정이 없다고 궁색한 변명을 늘어놓았다. 그때 동리사람들은 이런 애매모호한 법이 있어야만 떡고물이 많을 게 아니냐고 쑥덕이면서 아무것도 믿으려 하지 않았다.

정말이지 건축법에 합당하게 지은 건물이 어디 하나라도 있을까? 일반 서민주택들이 까대기를 만들어 다용도로 이용하지 않는 집이 몇 채나 있을까? 토지세며 가옥세, 수도세, 하수세, 그리고 또 무슨 무슨 세까지 우리 서민들처럼 제 날짜를 꼬박꼬박 잘 지키는 사람들이 또 어디 있을까?

언제부턴가 소위 힘 있고 능력 있는 사람들은 그것을 빙자하여 법망을 잘도 빠져나가고, 힘없는 소시민들은 자그마한 잘못을 해도 법망에 걸려 헤어나질 못한다. 우리나라의 법망은 잘도 늘어나 굵은 고기들이 쉽사리 빠져나가고, 작은 피라미들은 오히려 줄어들어 좀체로 빠져나가지 못하는 요술그물이라는 이야기를 모르는 사람은 없다. 그러기에 피땀으로 이뤄진 국민의 세금을 이 나라 지도자들은 몇 백억, 몇 천억 원 마다않고 도둑질하여 외국의 은행이나 부동산에 은닉하고 떵떵거리며 사는 세상이니 기가 막힌다.

세상에 이보다 더한 불신과 배신이 어디 있을까? 한숨이 절로 인다. 우리 서민들의 이런 불법이란 건 정말이지 현묵자가 말했던 그야말로 '새 발의 피' 다.

현묵자의 『순오지』는 그 표제가 보여주듯 숙종5년(1679년)에 홍만종이 보름 만에 집필한 잡기다. 그는 사대의식에 빠지지 않고 우리 문학을 바탕으로 한 주체적인 비평의식을 보여주었고, 특히 백여 가지가 넘는 속담의 해석을 통해 일반 민중의 삶을 투영해 본 보기 드문 문장가였다.

특히 그가 열거하여 풀이한 속담들은 거개가 우리들이 현재까지 쓰고 있는 속담과 같아 흥미를 끈다. 그러나 그 무엇보다 '새 발의 피' 라는 속담에 이르러선 알레고리적인 묘한 풍유법에 감탄하고 만다.

처음 내가 이런 말을 들었을 때는 그저 말 잘하는 사람들에 의해 조어造語된 작위적인 속언이려니, 생각을 했었다. 그렇지만 이 속담은 원편에 부附하여 추록한 열셋 중 열 번째에 '조족지혈鳥足之血' 이라 해 놓고 '무릇 사물이 너무 적어 흡족지 못한 것을 말한다(言凡物小 不得洽足)' 라고 풀어 놓았다.

그렇다. 우리 서민들의 이 작은 불규칙은 힘 있는 자들의 인플레된 억대의 부정에 비한다면 오히려 도덕적인 일일진대 새 발의 피가 아니겠는가.

(1988)

조상 탓

언젠가 누구나 한 번쯤 들어보았을 대중가요 「그건 너」. 폭발적 인기로 가두街頭에서부터 대학가에 이르기까지 대유행을 한 그 노래는 가사에 그 묘미妙味가 있다. 때로는 호소하는 듯하다가도, 질책하듯 가사의 끝에 반복되는 '그건 너'는 타성에 젖은 우리네 가슴을 파고들었다. 가사의 내용이야 일일이 드러내놓을 것까지는 없지만, 가사가 전달하는 내용은 모든 책임이 전부 '나'가 아닌 바로 '너'에게 있다는 거였다.

풍자·해학적이기도 한 이 노래는 그 후 저속하다는 이유로 금지가요로 제제를 받은 것으로 기억된다. 우리 속담에도 '조상 탓'이란 말이 있다. 잘된 일이야 논란의 여지가 없는 일이지만, 잘못된 것은 내 책임이 아니라 바로 네 탓이란 우리 민족의 속성을 드러낸 것이라 생각된다. 어쩌면 그렇게도 우리네의 성정性情을 그리도 잘 표현했는지 새삼 그 재치에 놀랍기도 하고 한편 부끄러워지기도 한다.

합리적 사고가 생활의 기저를 이룬다면 서양 사람들에 비해 우리나라 사람들은 지극히 감정적이며 사리事理의 근본을 정적情的인 것에 두는 경향이 많다. 그리하여 혈연과 지연, 학연 등이 그 무엇보다 우선하는 정의情誼적인 사회를 이루어 왔다. 한 회사에도 사주의 일가친척들이 많고, 관가에도 지연이나 학연으로 이뤄지는 경향이 많아 뜻하지 않은 폐해와 부작용이 속출하는 경우도 드물지 않다.

서울을 가끔 다녀온 사람들은 가는 곳곳마다 거센 ㄱ도 사투리를 많이 듣는다고 이구동성으로 말들을 한다. 유독 ㄱ도만이 인재가 많을 턱이 없고, 모든 분야에서 능력과 자질이 넉넉할 까닭이 없다. 그런데도 그런 편향성이 두드러지는 것을 능력과 자질 우선의 합리적 인선人選이 아닌 정적情的인 한국인의 성정性情에 기인한 것이라면 무리일까?

나는 요즘 며칠간 학점 때문에 마음이 괴로울 때가 많았다. 다른 학과 교수도 아닌데 학점이 너무 인색하다는 것이다. 두말할 나위 없이 당신과 나는 공통요인이 있는 만남인데, 우리 사이에 그럴 수가 있느냐는 항변이다. 으레 나는 개강 첫 시간이면 학점관리의 요령과 면학의 자세 등을 꼭 빠짐없이 과목의 특성과 함께 강조한다.

그리고 여태까지 교단을 지켜오면서 양심에 부끄러울 정도로 학점관리를 해온 적이 없다. 친척이니까, 친구이니까, 친구의 조카나 동생이니까, 정의情誼에 못 이겨 학점을 후하게 처리한 적이 결코 없다는 말이다. 그러나 학기말이 되면 이러저러한 일들로 마음이 번거롭고 골머리를 앓게 되는 일들이 참 많아진다.

더구나 중도탈락이라는 제도가 생긴 이후부터는 그 사정이 사뭇 달라졌다. 학점을 받지 못한다거나 좋지 못할 경우엔 다시 기회가 주어지지 아니하고 학교를 물러나야 한다는 것이다. 그러므로 학생들은 이러한 강박감으로 초조와 불안에 떨어야 하기 때문에 여간 마음이 아프지 않다.

언제부터인지는 몰라도 대학가에서는 학점을 딴다는 말보다는 학점을 받는다거나 학점을 준다는 능동이 아닌 수동적인 것으로 해석하는 경향이 많았다. 그러므로 학점의 결과는 그가 노력한 결과의 소치所致가 아니며, 오히려 교수가 그렇게 인색하게 학점을 주었기 때문이라고 편리하게 해석해 버린다.

특히 현행의 교육제도 하에서는 학문의 심오한 본질적 연구보다는 수단 방법을 가리지 아니하고 오로지 학점을 따는 데만 골몰함으로써 대학 본연의 자세를 찾기란 지극히 어려운 실정이다. 학문을 자유롭게 토론하고 하늘을 찌를 듯한 이상과 패기를 젊은이들에게서 송두리째 앗아 버렸다. 그러므로 그들은 불안과 초조와 비정상적인 경쟁 심리에 밀려서 젊음을 잃어버린 채 초라한 대학생이 되어가고 있다.

최근 대학의 중도탈락책이 다소 완화하는 기미를 보여 대학이 이제 기지개를 켜고 활기를 띠는가 싶었는데 다시 원상으로 되돌아가 깊숙한 침체의 늪에 빠져 허우적거리고 있다. 개강을 맞아 젊은 남녀 대학생들이 삼삼오오 나누던 지난 여름 이야기들도 갑자기 깊은 수렁 속에 침몰해 버린다. 또다시 중도탈락이라는 어둠의 그림자가 무겁게 드리워져 대학 캠퍼스는 어둡고 침울한 표정이다.

모두들 예 같지 않다고 입을 모아 이야기한다. 나와 네가 한 모둠을 이루어 살고 있는 대학사회도 서로를 경계하는 이상한 눈초리로 살벌하고, 교수와 학생 사이도 건널 수 없는 미묘한 강물이 가로놓여 좀처럼 인간다운 정의情誼를 느낄 수가 없다. 학문을 자유롭게 토론하고 철학과 사상을 나름대로 논하며 미래에 전개될 세계에 대한 웅대한 꿈을 키워야 할 대학시절에 학우를 오로지 경쟁대상으로 의식하는 건 심각한 문제다. 네가 탈락하지 않으면 내가 도태된다는 냉엄한 경쟁 논리는 교육현장에서는 있어서도 안 된다.

서구의 물질사조는 정신보다 물질을 강요하며 인간을 경쟁대상으로 내몰아 인간에게서 비인간화를 부채질하였다. 질박한 인정이 넘치는 우리 민족에게 언제부터 이런 물질 우선의 사고방식이 생활의 방편이 되었는지 모른다. 스승과 제자 사이도 좀처럼 예 같지 않고, 학생들도 옛날 같지 않으니 가끔 두려움이 일 때가 많다.

컴퓨터까지 동원된 영악한 물질의 타산보다 우리의 인정을 셈하여 누가 더 따스한 정이 많은지 되돌아보아야 한다. 참으로 물질의 다과多寡보다 인정의 유무가 그 평정척도가 되는 그런 세상에 살고 싶다.

그리하여 네가 있어야 내가 존재하고, 내가 있어야 네가 행복하다는 그런 의식을 가졌으면 좋겠다. 나만이 잘살면 된다는 험악한 사회가 아니고, 나와 더불어 너도 잘사는 그런 세상이 되어야만 한다. "만이"라는 이기적이고 개인적인 사고의 조사로부터 "도"란 조사가 두루 쓰이는 그런 아름다운 세상이 되었으면 좋겠다.

친구간의 두터운 믿음과 부부간의 따스한 애정, 부자간의 참다운 사랑과 공경, 사제간의 신뢰와 경애, 존경과 사랑이 넘쳐나는 세상이어야만 한다. 결코 물질의 손익으로 맺어지는 인간관계가 아닌, 투박한 인정이 넘치는 그런 세상이어야 한다. 너와 나 사이에도 탄탄한 윤리의 벼릿줄로 묶여진 더 밝고 환한 세상이 되면 얼마나 좋을까.

(1984)

연민의 정

오월은 정말 잔인한 달인가? 얼어붙은 땅에 따스한 바람이 한 차례 스쳐가고, 차갑기만 했던 태양이 차츰 열기를 더해가면 좀처럼 풀릴 것 같지 않던 산야가 서서히 녹기 시작한다. 꽁꽁 얼었던 강물이 점점 녹아내리고 만년설처럼 쌓여 있던 산봉우리 눈들도 녹아내리면서 제 본래의 모습을 드러낸다.

해빙이 시작되면서 가장 먼저 모습을 드러내 놓은 건 질기게 오랜 세월 이 땅을 쑥쑥 살아온 쑥 풀이다. 눈들이 여기저기 희끗희끗 남아 있어도 양지바른 언덕배기나 줄지어선 논둑엔 수천 년 이 민족과 더불어 살아온 쑥이 '쑤욱 쑥' 그 예쁜 아기 손을 드러내 놓는다. 쑥은 우리 민족의 굽힐 줄 모르는 기상이며 이 민족의 정기이다.

까마득히 오랜 시절, 쑥 한 줌과 마늘 스무 쪽으로 불가사의한 마력이 나타나 곰이 웅녀가 되고, 우리 민족의 시원始原을 이루었다는 사실은 『삼국유사』에 소상하게 기록되어 전해진다. 그간 숱한 이민족의 말발굽에 짓밟히고 가뭄과 흉년 속에 굶주려 시달릴 때도 이 쑥은 우리 민족을 회생시켰던 그런

영초靈草였다.

우리 민족과 더불어 영고성쇠를 같이해 온 이 쑥이 전령이듯 제모습을 드러내면 이것을 시발로 온갖 다른 풀들도 겨울잠에서 깨어나 다시 부산을 떤다. 그리하여 회색빛 겨울은 차츰 그 본래의 모습을 잃어가던 산과 들을 원상으로 되돌리고 뒷걸음질친다.

이름 모를 크고 작은 꽃들이 아기자기하게 들길을 수놓고 있다. 솜털 같은 바람이 겨드랑이를 파고든다. 살아있다는 사실만으로도 우리 인간을 얼마나 기쁨과 행복에 젖게 하는지 모르지만, 또 얼마나 우리를 자괴自愧스럽게 하는지 모른다.

오월의 하늘은 더욱 높고 눈부시도록 푸르고 찬란하다. 눈이 시리도록 찬란한 신록으로 하여 오월은 계절의 여왕이라 부르지 않던가? 창 밖 가까운 야산에서 "꾸억, 꺽!" 하는 꿩의 단조로운 울음소리가 귓가에 와 닿는다. 대구라도 읊어내듯 어디선가 뻐꾸기의 울음소리가 가느다랗게 이어진다.

우리는 서양인들마냥 '새가 노래한다' 기보다는 '운다' 라고 곧잘 그렇게 표현한다. 이러한 전통적인 사유방식은 다분히 수용자의 편에서 감정이입의 해석에 기초하였기 때문이다. 우리 민족은 이민족의 침략으로 숱한 가시밭길을 걸어왔다. 힘있는 지배자에 의해 부당한 고통과 슬픔 속에서 살아왔다. 그러므로 그들의 응어리진 한과 서러움이 우리의 민요나 시가의 밑바닥을 흐르고 있음도 필연적일 수밖에 없다.

아까시의 화사한 향기가 그윽한 교정에 느닷없이 견딜 수 없는 눈물과 재채기를 강요하고 있다. 교문 앞 동물사육농장 주인은 인간이 만든 이 고약한 살인적 무기로 인해 값비싼 여우 새끼들이 다 죽어버렸고, 또 남은 것들이래야 발정이 정지된 여우뿐이어서 손실이 이만저만이 아니라고 관계당국에 손해배상청구를 했다고 한다. 이쯤 되고 보면 데모 진압용 최루탄이란 것이 우리들 건강에 얼마나 살인적인 악영향을 끼칠 것인가는 자명하다.

어찌하여 모든 게 물리적인 힘에 의해서만 해결된다는 그런 단순하고도 독단적인 사고에서 벗어나지 못하는지 모르겠다. 무엇이 진정 민주이며 자유와 정의인지 깊은 회의에 젖을 때가 있다. 갑자기 내 어린 초등학교 시절 사회책에선가 말뜻도 제대로 모르고 들어보았던 '집회 결사의 자유'가 머리를 스치고 지나간다. 민주주의라면 당연히 빼놓을 수 없는 자유라고 명시해 놓고서도 그 무엇 무엇 때문에 유보될 수밖에 없었던 우리의 귀중한 권리가 아니었던가.

언론매체들은 순진한 우리들을 참이 아닌 헛것을 보고 듣도록 잘 길들여 놓았다. 현명한 이들은 언론들이 마련한 그런 기사의 행간을 읽고 여백의 이면을 보아 세상을 그런대로 보아왔다지만, 우리들 보통 사람들은 진실을 모른 채, 언론이 이끄는 대로 때로는 흥분하면서 세상을 살아오지 않았던가. 늘 신문에 몇 단 크기의 타이틀을 대문짝만 하게 뽑아야만 우리의 동공이 열렸고, 중요한 사건도 일단으로 처리한 것은 불감증에 묻혀 버리기 일쑤였다.

이제는 세상이 많이 달라졌다. 불가침의 성역도 속속들이 알려지고, 몰랐거나 왜곡되었던 역사적 사건들이 하나 둘 세상에 밝혀지기 시작하였다. 신문들도 앞을 다투어 감춰두었던 생생한 사진자료들을 실어 놓고, 지나간 사건들을 다시 공판

정에 올려놓고 있으니 참 세상은 재미있다는 생각이 든다. 그러나 방송만은 여전히 구각에서 벗어나지 못하고 어느 한쪽만을 편향적으로 보도하고 있다. 게다가 의도적인 알량한 코멘트까지 달면서 국민을 계도할 때면 그들의 모습이 가증스럽기만 하다.

며칠 전 조성만 군의 할복 투신 자살사건이 보도되면서 몇 개의 사진이 생생하게 신문에 게재된 것을 보고 가슴이 미어지는 그 어떤 슬픔을 가눌 수가 없었다. 꽃다운 나이에 젊음을 나라를 위해 불사르고 저 세상으로 떠나간 그 외로운 넋. 그러한 행렬은 이한열, 박종철 군 등으로 이어졌다. 그러나 조 군에게서는 이 두 지성인과는 사뭇 다른 죽음의 의식을 느낄 수가 있다.

그는 민주화를 위해 투쟁하다 구속된 양심수의 석방과 민족통일을 염원하면서 스스로의 양심의 질책에 부끄러워 목숨을 끊었고, 이 군과 박 군은 민주화의 투쟁과정에서 흉탄을 맞거나 짐승보다도 더 잔인한 자들에 의해 상상도 못할 고문을 당하여 죽었다는 사실이다.

특히 박 군의 경우는 '탁, 억'의 부사어가 말해 주듯, 사실을 왜곡 조작했다가 들통이 난 경우지만, 그의 죽음의 과정을 상상해보면 처절한 심사를 억누를 길이 없다. 한겨울 그 차디찬 고문실에서 물에 빠진 생쥐 모양으로 흠뻑 젖은 시멘트 바닥에 나동그라진 채 꿇어 엎드려 살려달라고 애처롭게 애원했거나, 아니면 십중팔구 차라리 죽여 달라고 절규했을 것이기 때문이다.

오늘은 며칠 전 유명을 달리한 조 군의 노제路祭가 그의 고향인 전주에서 열린 뒤, 광주 망월동 묘지에 안장된다는 날이다. 죽은 자는 말이 없다지만 자식을 기르는 부모들의 입장에서 보면 그 부모의 슬픔이 어떤 것인지 감히 상상조차 할 수가 없다.

예로부터 부모의 죽음을 하늘이 무너지는 천붕지통天崩之痛의 슬픔으로 비유해 왔다지만, 자식의 죽음은 이에 비길 수 없는 무량무변無量無邊의 것이다. 부모에게서 받은 머리털 하나라도 손상시키지 않는 것이 효도의 제일 첫걸음이라는 유교의 가르침을 생활철학으로 살아온 우리네의 처지에서 보면, 조 군의 죽음이야말로 불효 중의 상불효다. 하지만 그가 남긴 마지막 일기는 어느 누구도 따를 수 없는 부모에 대한 깊은 효성과 한없는 존경심을 대할 수가 있어 우리를 더욱 뼈아픈 슬픔 속으로 몰아넣는다.

> 아버님, 전 아버님을 정말 존경하고 사랑합니다. 저는 아버님의 고생스러움에 저의 말을 할 여유가 없다는 것을 깨달았고, 그것 때문에 며칠 밤을 뜬눈으로 지새야 했습니다.

그의 아버지는 전주에서 모 지역의 동장을 맡고 있는 평범한 공무원이다. 그는 어느 누구보다도 그 아버지를 존경하고 사랑했으며, 그런 아버지의 번민을 예리하게 지각했기에 또 며칠 밤을 뜬눈으로 지새야 했던 것이다. 그의 깊은 고뇌를 어찌 느끼지 않을 수 있으랴. 무서우리만치 영악한 젊은이들이 많은 요즘 세상에서 얼마나 숭고하고도 순수한 철든 지성인가 아연 숙연해지지 않을 수 없다.

아들을 입관하기 직전, 자식의 얼굴을 쓰다듬으면서 '네가 그렇게도 바라던 민주와 통일은 꼭 이루어질 것'이라고 오열했다던 그의 어머니의 모습이 장하게 떠오른다. 자식의 죽음을 초월한 이 숭고한 모정에 목이 메이지 않을 수 없다. 과연 '그 부모에 그 자식'이란 우리네 속언이 가슴에 와 닿는다.

이토록 찬란한 오월의 하늘 아래서 그는 진정 오월의 싱싱한 신록처럼 청청하게 살아남을 수 없었던가. 그리하여 이 나라의 민주와 통일의 길을 앞당기는 데 앞장섰더라면 하는 안타까움이 가슴을 친다.

그는 정녕 구차히 사느니보다 차라리 이 민족과 이 나라를 위해 목숨을 던지는 편이 나았다고 생각하였을까? 짙은 회의와 연민의 정이 우리를 부끄럽게 만들고 만다.

(1988)

부끄러움의 미학

죽는 날까지 하늘을 우러러
한 점 부끄럼이 없기를
잎새에 이는 바람에도
나는 괴로워했다.

별을 노래하는 마음으로
모든 죽어가는 것을 사랑해야지
그리고 나한테 주어진 길을
걸어가야겠다.

오늘 밤에도 별이 바람에 스치운다.

암울한 시대적 절망 속에서도 스스로를 지키려 했던 숭고한 의지가 형상화되어 있어 우리의 가슴을 답답하게 조여들게 하는 윤동주의 「서시序詩」다. 한 세상을 살면서 하늘을 우러러 티끌 한 점 부끄럼이 없이 살기가 어디 쉬운 일인가. 잎새에 이는 가는 바람에도 혹시 그 마음 흔들리지 않을까, 내면 깊숙이 괴로워하는 아름다운 마음이 오늘을 슬기롭게 잘 산다고 믿는 우리들을 부끄럽게 한다.

시인 윤동주의 사인死因에 대해 의견들이 분분하지만 나뒹구는 통나무처럼 생체실험물로 희생되었다는 보고서가 근년에 발표된 적이 있었다. 어쨌든 그는 생각하기에도 끔찍한, 참으로 불행한 시대에 태어나 한 많은 세상을 살다 간 이 나라의 지성인임에 틀림없다.

부끄러움의 미학은 맹자 「진심盡心」 상편에 군자의 삼락 가운데 둘째 즐거움에서 비롯된다. "하늘을 우러러보아도 한 점 부끄러움이 없고, 사람을 대하여도 조금도 부끄럼이 없다(仰不愧於天 俯不怍於人)."는 즐거움이 그것이다. 하늘을 이고 이 땅을 디디고 사는 사람들의 사람다운 진정한 삶을 일컫는 말이다.

요즘 사람들은 부끄러움도 모르고 양심적이라고 스스로를 뻔뻔스럽게 합리화하면서 사는 사람들이 많다. 자신의 욕망을 채우기 위해 사람을 죽여 놓고도 정당한 것처럼 호도하는 게 다반사다. 거액을 부정한 방법으로 편취하고서도 버젓하게 행세하는 사람들이 많다. 도무지 부끄러워할 줄 모르고 부끄러움이 무엇인지도 모르고 산다. 참으로 한심한 일이다. 혹자는 양심 있는 바른 사람은 잘살 수 없는 세상이라고들 한탄을 한다. 수단방법을 가리지 아니하고 부정을 저지른 사람들이 잘 살아간다는 건 이 사회가 불치의 중병에 걸려 있다는 거나 다름이 없다.

언젠가 서울 Y대 앞에서 방송기자가 무단 횡단하는 학생을 카메라에 담아 취재했을 때였다.

"왜요? 이 나라에서 법 잘 지켜 잘사는 사람 봤어요?"

그 젊은이의 내뱉듯이 쏘아붙이는 그 말 한마디로 가슴이 싸늘했던 기억이 아직도 생생하다. 사회학자들은 이런 병리현상을 가치관의 혼란과 물질추구의 이상성異常性에서 찾는다고 한다. 물질만능의 사회구조와 병리적인 인간심리로부터 비롯되었다는 게 옳다. 그럴 법한 말이다. 사람들은 수단방법을 가리지 아니하고 힘을 잡고 돈만 벌면 일약 귀족층으로 상승되는 것처럼 착각하고 있으니 큰일이다.

물질이나 학벌, 권력 등 외적 조건이 신분의 주요 척도가 되는 세상이다 보니 상승욕망을 충족시키기 위해 어떤 몰염치한 행위도 스스럼없이 자행한다. 요즘 지성의 전당이라는 대학에서도 양심과 염치에 대한 비판적 시각이 드세게 빗발치고 있다. 교수들에게, 정치인들과 기업인들에게 양심에 따른 부끄러움을 가르쳐 주고 있다는 것이다.

살벌했던 정치상황 아래서도 진정한 민주화를 위한 대학 교수들의 개헌 서명운동이 그랬고, ㅈ대 교수들의 사립재단의 비민주적인 학사행정에 대한 양심선언이 그렇다.

하지만 그 무엇보다 우리들 가슴을 아프게 하는 것은 시위를 한 학생들을 등급을 매겨 제적시키라는 문교부장관의 강압을 끝내 물리치고 차라리 총장직에서 의연하게 물러나 버린 서울 ㄱ대학의 경우다. 후문에 의하면 군부시절, 그에겐 대사나 장관, 총리 등 온갖 영화로운 벼슬살이 권고가 있었다지만, 단 한 번도 흔들림이 없이 오직 학자로서, 교육자로서, 선비로서의 길을 부끄럼없이 의연하게 걸어왔다고 한다. 제 한 몸의 영화나 명예만을 위해 양심의 소리에 귀 기울이지 않고 아무렇게나 편리만을 추구해 온 이런 험한 세상에 얼마나 보배스런 군자인가 숙연해지지 않을 수 없다.

혹자는 요즘엔 훌륭한 스승도 제자도 없다고들 한다. 나는 이러한 훌륭한 양심과 부끄러움을 아는 사람들을 대할 때마다 마음이 흐뭇해진다. 때론 살맛 없는 세상 같으면서도 가끔 살 만한 세상처럼 신선한 느낌을 받기도 한다.

작년 경찰이 난사한 최루탄에 맞아 안타깝게 절명한 이한열 군의 일기장에서도 이런 아름다운 부끄러움이 발견되었다. 그는 "사회의 외곽지대에서, 무풍지대에서, 스스로를 망각한 채 살아왔던 지난날이 부끄럽다."고 했다. 그 젊은이의 통렬한 양심의 소리가 우리를 부끄럽게 한다. "내가 제물이 되어 인간들이 소외당하지 않은 채 살아가게 하고 싶다.", "최루가스로 얼룩진 듯한 저 하늘 위에라도 오르고 싶다."라고 쓴 유서 같은 일기는 우리를 몹시 부끄럽게 한다.

그러나 무엇보다도 우리를 더욱 슬프게 하는 것은 며칠 전 빛고을 광주 망월동 묘지의 푸른 달빛에 묻힌 조성만 군의 경우다. 그는 이 고장에서 고교를 졸업하고 서울 ㅅ대에 입학한 뛰어난 수재였다. '91년에 신학교에 발을 들여놓으면 부제서품副祭敍品이 97년에야 가능한데 앞으로의 10년을 어떻게 채우며 살 것인가?' 라는 자조적 표현 속에는 인간에 대한 뜨거운 열정과 사랑으로 살려는 그의 불같은 염원이 옹글게 담겨져 있다. 부모에 대한 높은 존경과 깊은 사랑도 그의 일기장 속에 빠뜨리지 않고 남아있다.

그러면서 '분단 44년 3월 17일과 3월 18일' 이라는 그의 비극적이고 독특한 연대기 속에 담겨진 「부활하는 한반도」라는 자작시와 고뇌에 찬 일기는 조국에 대한 뜨거운 열정으로 점철되었다. 이기적이고 개인주의적인 젊은이들이 많은 요즘 세상에 좀처럼 찾아보기 힘든 의사義士가 아닐 수 없다. 이 순수한 젊은이의 피 맺힌 양심의 소리가 무디어진 우리들 가슴을 아프게 두드리며 몹시 부끄럽게 한다.

'점차 시간이 흐를수록 부끄럽게 살아가고 있는 나 자신에게 더욱 또렷이 드러나는 것은 하나의 죽음을 넘어가는 긴 장례행렬의 끈질긴 여운 때문일까?'

'한 맺힌 반도에 태어나 사람을 사랑하고자 하는 부끄러운 한 인간의 모습이 이렇게 괴로울 수가!' 라고 쓴 이 일기는 윤동주가 절감했던 그 부끄러움과 동질적이다. 조성만 군의 이러한 부끄러움은 '별을 노래하는 마음으로 모든 죽어 가는 것을 사랑하고 숙명처럼 그에게 주어진 길을 걸어가야겠다' 는 윤동주와 등가적인 가치세계로 표백되어진다.

사람은 부끄러워할 줄 알아야 한다. 더구나 지도자들은 더더욱 말할 것이 없다. '집에 사는 사람은 반드시 덕업德業을 닦아야 하고, 정치를 하는 사람은 모두 다 염치廉恥를 알아야 한다' 는 구당서舊唐書의 명언을 되새겨 볼 일이다. 이 염치의 사전적 의미는 마음이 조촐하고 깨끗하여 부덕과 부정한 일에 부끄러움을 아는 마음이다.

현대를 살아가는 우리들은 집에 거하는 자나 높은 자리에 앉아 다스리는 자일지라도 그들이 정녕 부끄러움이 없는지 마음의 거울에 비춰보아야 한다. 자신도 모르는 사이에 일을 그르치지 않았는지, 아니면 나 아닌 다른 사람에게 옳지 못한 일을 하지는 않았는지 생각해 볼 일이다. 그리고 얼마쯤이나 부끄러워하며 살아왔는지 다시금 되돌아 보아야 하지 않을까.

(1988.)

침묵의 소리로

관음소심觀音素心! 관음보살의 자애로운 미소와 청징한 고결함이 조화를 이룬 말이다. 그러니까 3년 전 9월, 새 학기가 막 시작되던 날, 난생처음 난분蘭盆 하나를 선물 받았었다. 그때 흰 바탕에 검정 글씨로 쓴 이 '관음소심' 이란 작은 푯말을 보고는 '칫! 어울리지도 않게 무슨….' 하고 일별해 버렸던 내가 얼마나 소견머리없고 경망스러운지. 내내 부끄러웠던 생각을 지금도 떨칠 수가 없다.

난蘭에 대해 무식하리만치 워낙 문외한이었고, 아내 역시 난 재배에 더욱 손방인 터라 그간 우여곡절이 참 많았다. 물 주기며 햇볕 쐬기, 온도관리가 여간 어려운 지 아니었다. 게다가 철부지 어린것들 때문에 무던히도 넘어지고 엎어지는 바람에 난 잎이 끊어지고 접혀져 생채기도 많이 입어 여간 속상한 일이 아니었다. 그러기를 만 3년, 이제는 제법 스스로 터득한 지식과 주워들은 이야기로 난의 속성을 알게 되고 별 탈 없이 난 시중을 들 수 있게 되었다.

「난이십이익蘭易十二翼」을 들지 않더라도 난蘭은 해 돋을 무렵의 엷은 햇살이 알맞고, 바람은 찬바람보다는 삽상한 초가을 바람 같은 것이 좋다. 너무 물기가 많은 것보다는 보송거리는 정도의 것이어야 하고, 흙이나 비료는 거름기가 적은 것이 좋으며, 담배 연기와 같은 탁한 공기를 싫어하는 신선 같은 고결하고도 청순한 기품이 넘치는 식물이다.

거실의 한 구석을 차지하고 있는 관음소심이 한 보름 전쯤 한 개의 촉을 뾰족이 올리는가 싶었는데, 자세히 들여다보니 그건 촉이 아니고 꽃대였다. 꽃대를 쑤욱 뽑아 올리더니 꽃망울이 서너 개 맺혔다. 올해는 제법 건강한 기색으로 기품이 넘쳐흐른다. 날이 갈수록 꽃망울이 통통하게 살이 쪄 오르는 게 꼭 토실토실한 어린아이 같아 여간 귀엽지 않다. 올해는 온갖 간난艱難과 인고忍苦의 생활을 딛고 넘어서서 건드러지게 뻗어간 청순한 잎새에서 준수한 선비의 기품이 넘쳐난다.

어제 아침, 심신이 나른하여 이부자리를 차마 박차고 일어나지 못해 게으름을 피우다가 부스스 눈을 뜨는 순간, 빙긋이 열린 문틈 사이로 신비로운 향기가 새어 들어왔다. 그윽한 난향이 일시에 나의 몸과 혼을 온통 에워쌌다. 벌떡 일어나 한 걸음에 거실로 뛰어나간 나는 내 눈을 의심하리만치 우아한 모습에 한동안 넋을 잃었다. 마치 여인네 속살 같은 눈부신 꽃잎으로 부끄러운 듯 다소곳이 꽃술을 감싸고 고개를 숙이고 있는 모습이 여간 아름다운 게 아니었다. 연록의 겉 꽃잎은 세 갈래인데, 자세히 보면 그건 꽃잎이 아니고 속 꽃잎을 에워싸고 있는 꽃받침이었다. 난 재배 전문가는 꽃잎은 모두 '변邊'이요, 속의 꽃술은 '설舌'이라 했다.

난 꽃은 여느 꽃과는 달리 사뭇 기품이 넘치는 꽃이다. 어느 곳이나 가리지 않고 피는 꽃들은 대부분 나를 보아주고 인정해 달라는 속셈으로 화려한 색깔로 분장을 하고 얼굴을 하늘로 쳐들어 진하디 진한 화사한 향내를 내뿜어 눈길을 끈다. 하지만 그런 꽃일수록 이내 사람들을 싫증나게 한다. 그러나 난은 이러한 속성과는 전혀 무관하다. 행여 남이 보면 어쩔까 마음 조아리는 시골색시 같은 수줍음을 함빡 머금고 차마 얼굴을 드러내지 못하고 아래만을 응시하고 있다.

그러기 때문에 얼굴을 보려면 자연 허리를 구부리고 쳐다보아야만 그 우아한 모습을 읽을 수가 있다. 이뿐만이 아니다. 난향은 어디로부터 풍겨 나오는지 좀체 알아차릴 수 없을 만큼 다소곳하고도 은은하게 퍼져 나온다. 장미꽃같이 코끝을 톡 쏘는 그런 일차적 향기가 아니고 폐부 깊이 파고들어와 뇌리를 자극하는 심미향이다.

세상 사람들은 하찮은 일을 해 놓고도 얼굴을 내려고 하고, 이름을 드날리기 위해 고심을 한다. 그래서 수재의연금 같은 모금운동은 TV를 동원하여 떠들썩하게 벌이는 게 가장 효과적이라고 한다. 어린이로부터 노인에 이르기까지 얼굴이나 이름을 내기 위해 열을 지어 서 있는 행렬을 브고 있노라면 웃음이 절로 인다. 남이 보지 않는 가운데 아름다운 일을 하고, 왼손도 모르게 좋은 일을 해야 한다는 그런 예수의 박애적인 미덕보다는 하찮은 일에도 떠들썩하게 공명功名을 일삼으려는 때 묻은 현대인들이 우습기만 하다. 때로는 어느 쪽이 힘이 있는지 눈치를 보아가며 추파를 던지는 우리들, 어떤 것이 영양가가 있고 기름진 것인지 물질만을 선호하는 우리 속인들을 난은 비웃고 경멸하는 것만 같다.

그러나 이 난만은 고인古人의 문인화에서 대할 수 있듯이 따가운 햇살을 싫어하며 그늘진 곳이나 척박한 바위 틈에 붙어 살면서 흐드러진 잎새 속에 의연한 군자의 기품을 느끼게 한다. 참으로 그의 고결한 기품 속에는 종교적인 깊고 넓은 마음이 자리하고 있다. 좀처럼 속진俗塵에 휘말리지 않고 사람의 눈에 띄길 싫어하는 그윽하고도 고결담백한 성미는 눈가림과 속성速成의 속인들을 경멸하는 높은 인격의 아름다움이 있어 청초하기 이를 데 없다.

걸핏하면 얼굴이나 이름을 드러내려고 하는 공명심의 우리, 어느 쪽이 유력한지 힘 있는 자에게 얼굴을 돌리고 웃음을 던지는 해바라기성의 우리들, 틈만 나면 기름진 물질만을 추구하는 물질만능에 사로잡힌 우리들을 관음소심은 다소곳이 침묵의 소리로 꾸짖고 있다. 코끝을 자극하는 알싸한 향기가 아닌, 뇌리를 깊숙이 파고드는 그윽한 난의 향기가 더러운 속진을 씻어내어 우리를 맑고 깨끗케 한다.

오늘도 사철 난초를 보고 살고 싶다던 석정夕汀 선생의 「난초는」을 다시금 되뇌어 본다.

(1985)

좋은 사람

사람, 사람, 사람들, 세상에는 사람들이 많다. 별의별 사람들이 씨와 올로 짜여진 베 폭처럼 사회를 이루고 산다. 사람이란 '살다' 라는 용언에서 근원한다. 조금만 생각해보면 '살' 이란 어간에서 '살림', '살이', '삶', '사람' 이란 말이 파생되었다는 것에 이를 수 있다. 이렇게 보면 사람은 '살아가는 존재' 그 주체다.

사람은 누구나 일회성의 유한한 존재다. 사람이 어떻게 살아야 하는가는 중요한 철학적인 명제다. 좋은 사람은 늘 아름답게 생각하고 멋있는 삶을 영위할 줄 안다. 이웃을 살필 줄도 알고, 도울 줄도 알며, 더불어 사는 지혜도 가지고 있다.

요즘 인간을 새벽형 인간, 저녁형 인간으로 나누어서 새벽형 인간이 현대에 맞는 인간형이라고 말하기도 한다. 한편 T형, π형, 大형 인간으로 나누기도 한다. T형 인간은 전문인(Specialist)에 다방면에 걸친 능력과 지식을 가진 사람(Generalist)이고, π형 인간은 제너럴리스트에 2개 이상의 전문분야를 갖춘 사람이며, 大형 인간은 제너럴리스트에 창조력이 있고 전문인에 어학력까지 갖춘 사람을 일컫는다. 앞으로의 세상은 파이형 인간보다 오히려 이런 대형 인간이 더욱 바람직하다는 쪽으로 기울고 있다.

맹자는 이상적인 인간상을 대장부—요즘에는 리더라 할 수 있을 것 같다—라 하여 세 가지로 요약하고 있다. 대장부는 첫째, 부富와 귀貴에 마음을 뺏겨 더럽지(음淫) 않아야 하고, 둘째, 빈貧하고 천賤하다 해도 가벼이 움직여서도(이移) 안 되며, 셋째, 무기로 위협하더라도(위무威武) 옳지 않으면 굴屈하지 않아야 한다고 했다.

참여정부가 들어서면서 8명의 명망 있는 인사들이 우수수 낙마를 했는데, 그 중 올해 벽두부터 부귀에 눈먼 4명의 장관이 불명예스럽게 요직에서 물러났다. 이런 철없고 한심한 명사들을 보면서 좋은 사람이 얼마나 절실한 세상인가 새삼스러워진다.

홍만종은 『순오지』에서 산傘자와 상爽자의 파자破字풀이를 통해 리더로서 좋은 사람을 다음과 같이 풀어냈다. 악정공이 하공과 술을 나누면서 '우산 산傘'자에는 모두 다섯 사람이 있는데 위의 큰 사람은 복이 많아 아래의 여러 사람들이 떠받든다고 하였다. 이를 현대적으로 보면 위의 큰 좋은 사람은 자신이 우산이 되어 온갖 비바람을 막아주기 때문에 아래의 여러 사람들이 편안하게 살수 있다는 것으로 해석된다. 또 '시원할 상爽'자도 큰 사람에게는 곁에 여러 중소인들이 따른다는 것이다. 이를 두고 수양산 그늘이 강동 팔십 리에 이른다고 하는 게 아닐까 싶다.

세상에는 좋은 사람이 많아야 한다. 쓸모 있는 사람들이 많아야 한다는 게다. 그래야 그런 사람들이 이 사회에 몸 바쳐 이바지함으로써 정말 살 만한 세상을 가꾸어가지 않을까?

너도 나도 좋은 사람, 참 좋은 당신이 되었으면 좋겠다. 정말이지 그런 좋은 사람들이 넘쳐나서 우리가 사는 사회가 진정 살맛나는 세상이 되었으면 좋겠다.

(2005)

돌다리를 두드리는 지혜

사람이 세상을 살아가는 삶도 자동차의 운행과 다를 바가 없다. 우리가 살아가는 길에는 직선거리만 있는 게 아니라 회전거리, 고갯길, 내리막길, 횡단보도 같은 것들이 있어 좌우를 살피고 멈춰서기도 해야 하는 한편, 절대 넘어서는 안 되는 중앙선 같은 제한적인 경우도 많다.

힘들게 올라야 하는 숨 가쁜 오르막길이 있는가 하면, 너무 수월하게 내려가는 내리막길도 있다는 걸 세상을 얼마쯤 살아본 사람이라면 일찍이 경험했으리라. 땀을 뻘뻘 흘리고 헐레벌떡 올라야 하는 고갯길이 있으니 내리막길이 있다는 건 세상만물 순행의 이법이다.

그러나 벅찬 오르막길보다는 손쉬운 내리막길이 훨씬 더 많은 주의와 조심을 필요로 한다는 걸 운전을 해본 사람이라면 익히 알고 있는 일일 것이다. 이런 길을 운행할 때는 적당히 엔진 브레이크를 걸면서 알맞게 브레이크를 사용해야만 안전하게 목적지까지 닿을 수 있는 법이다. 더욱이 많은 사람을 태웠다거나 물건을 가득 실었을 경우에는 상황과 조건이 달라지므로 더 많은 신경을 쓰지 않으면 뜻하지 않은 큰 사고를

부를 수도 있다.

우리의 인생도 이와 마찬가지다. 결코 넘어서는 안 될 황색선이 있는가 하면, 힘든 고갯길이나 손쉬운 내리막길도 있다. 뿐만 아니라 때론 진창길, 굽잇길 등 실로 복잡다단한 길이 전자회로보다도 더 어렵게 널려져 있을 때가 많다.

힘겹고 숨 가쁜 고갯길을 올랐다가 수월한 내리막길이 있다 하여 조금이라도 방심한다면 필경 큰 화禍를 면키 어려운 것이 우리 인생사와도 같다는 말이다. 그러기 때문에 우리네 선인들은 이런 경망스러움을 경계코자 호사다마好事多魔라는 말로 후세들을 일깨우려 했는지 모른다.

사실 나는 이런 경우를 주위에서 흔히 보아왔고, 또 나 자신 스스로 체험도 해보았다. 이순의 나이에 어렵사리 학위를 받은 며칠 후, 출근길 횡단보도에서 난폭한 트럭에 치여 비명횡사한 ㅈ대 교수의 이야기, 십수 년 만에 내 집을 마련하자마자 불치의 병에 걸려 신음하던 친구, 모처럼 승용차를 사서 온 가족이 드라이브길에 나섰다가 몰사한 이웃, 학위를 받고 불과 몇 달 만에 해직된 동료교수 등 이루 헤아리기가 어려울 정도다.

연전에 나도 학위를 받은 지 채 2년도 되지 않았는데 해직되는 악몽 같은 시절이 있었다. 같은 학과의 여교수가 수험생의 답안지를 변조한 것이 탄로가 나자, 당자는 물론 우리 학과의 교수들에게까지 불똥이 튀어 중화상을 입었다. 검찰조사 결과 부정의 혐의가 없다고 판명이 났는데도 당시 총장은 우리들에게 책임을 물어 해임과 정직, 감봉이라는 중징계를 내리는 해괴한 공작工作을 벌였다.

당시 우리 학과 교수들은 교수협의회의 중책을 맡아 직선총장 선출까지 해 놓은 터라, 임명총장으로서는 매우 불쾌하고 괘씸한 대상이었을 것은 자명한 일이다. 그렇다고 어떤 사건을 구실삼아 그런 잔인무도한 일을 서슴지 않고 도모하는 대학 총장이 우리 대학사회에 존재하는 건 슬픈 일이다. 물론 이 일을 꾸며서 일을 벌였던 당시 총장은 몇 개월도 지나지 않아 총장의 권좌에서 물러나는 엄연한 대자연의 순리를 우리에게 보여주었지만 말이다. 달포 만에 진행된 재심과정에서 우리 학과 교수들은 결백이 증명되었지만, 그 때 입은 상흔은 지금도 사라지질 않고 악몽같은 충격으로 가끔씩 뇌리를 스칠 때가 있다.

나는 천만금을 주고도 체험할 수 없는 이런 엄청난 인생경험을 몸으로 부딪힌 적이 있었다. 해직이 되고서야 교수협의회의 동지도, 동료도, 친구도, 동문도, 제자도 없고 인간은 본디 고독한 존재라는 본연의 모습을 몸소 체득하였다. 세한歲寒이 되어서야 송백松柏이 시들지 않음을 안다던 공자의 가르침이 진리였다는 고귀한 가르침을 맨 몸으로 터득하였다. 좋을 때는 간도 내줄 듯이 잘하다가도 사정이 어려워지면 언제 그랬더냐는 식으로 표변하는 게 영악한 우리 인간들이란 말이다. 나는 이런 적나라한 인간의 이중적 모습을 처절하게 체험을 하였다. 정말 인생은 슬픈 존재다.

얼마 전 도의원에 당선된 제자가 내게 인사차 들렀다. 나는 호사다마란 말이 있듯이 좋은 일 뒤에는 반드시 나쁜 일이 있을 수 있으니 매사에 근신해야 한다고 신신당부를 하였다. 세상살이란 우리 우매한 인간들로서는 헤아릴 수 없는 해괴한 일들이 있게 마련이다. 길吉하면 반드시 흉凶과 화禍가 겹쳐온 뒤에야 복이 따른다. 그래서 인간만사가 길흉화복이요, 새옹지마라 하지 않던가. 세상만물의 운행과 조화가 이런 이법에 따라 진행되므로 길흉화복이라는 싸이클을 이루는 게 아닐까 싶다.

내 님을 그리워하여 울며 지내었더니
산 접동새 나와 비슷합니다.
그것이 진실이 아니시며 거짓인 줄을
아! 잔월효성殘月曉星이 아실 것입니다.
넋이라도 님과 함께 지내고 싶습니다.
아! 우기시던 이 누구시더이까.
과過도 허물도 천만 없소이다.

이 노래는 고려 의종 때 죄 없이 동래로 유배를 떠난 과정瓜亭 정서鄭敍가 스스로의 한恨과 원怨을 토로한 「정과정곡」이다.

군사정권 이후 숙정이란 이름 아래 얼마나 많은 언론인과 교육자와 공직자들이 이렇다 할 죄목도 없이 직장에서 쫓겨났던가. 이런 사람들의 억울함과 피 맺힌 한은 경험 해 보지 않은 사람들은 상상조차 할 수 없는 일이다.

작중화자인 정서도 얼마나 억울했으면 새벽달과 별만은 알 것이라고 하소연했을까? 아무리 과過도 허물도 없다고 천만 번 외친다 하더라도 알아줄 사람 없는 답답함과 고독함이 어찌 치유될 수 있을까. 우리나라 사람이 서구인에 비해 유달리

소극적인 것도, 중용지도를 금과옥조같이 가르쳐 왔던 것도 노장老莊의 명철보명明哲保命 철학이 우리네 생활철학으로 자리 잡았기 때문이리라.

요임금이 천하를 주겠다는 말을 듣고 영천潁川의 냇물에 귀를 씻고 기산箕山에 은거했다던 허유許由나, 그처럼 더러운 물을 소가 먹지 못하게 하고 산 속의 나무에 집을 짓고 살았다는 소부巢父의 결벽성을 이해할 수 있을 것 같다. 이토록 자신만을 위한 위아爲我주의의 생활관도 행복한 삶일 수 없다. 지나치게 장수하는 길만을 찾는 안전제일주의도 바람직한 삶이 아니다.

또한 자기만이 옳고 현명하다는 생각에 좌우를 살피지 않고, 앞만 보고 내달리는 것도 위험하기 짝이 없다. 지나친 안전제일주의도 문제려니와 나만이 옳다는 독단주의도 더 큰 위험과 불행을 수반한다는 사실도 알아둘 일이다. 돌다리도 두드리면서 건너는 지혜도 중요하거니와 적극적인 생각을 갖고 일로 매진하는 모험성도 그 무엇보다 필요하다. 이 양자가 적절히 조화로워야만 성공적이고도 행복한 삶을 영위할 수 있기 때문이다.

(1999)

2. 그 말 한 마디

가을 단상
꿈속의 고향
마음의 뜰
비 오는 날이면
큰사람의 됨됨이
한잔 먹세그려
그 말 한 마디
목련꽃 바람
오월
참사은회
제자로부터 온 편지

가을 단상

자고 나면 마당에 감꽃이 듬뿍 떨어져 매일 감나무 밑을 쓸어야 했던 그 일이 게으른 나에겐 여간 성가신 일이 아니었다. 그런 그 감나무엔 제 몸을 가누지도 못할 만큼 감들이 주렁주렁 열렸다. 이제는 드높은 가을 하늘을 향해 홍조 익은 미소를 보낸다. 가을이다. 오곡과 백과가 제철을 만나 제멋을 뽐내는 그런 계절이다. 서늘한 바람이 청초한 코스모스 얼굴을 스치고 겨드랑이에 와 닿으니 여간 상쾌한 게 아니다.

지난 여름은 무던히도 덥고 지리하였다. 그러한 폭염의 마신魔神이 어느 틈에 꼬리를 감추고 이 상쾌한 가을이 왔는지 통 알 수가 없다. 소리 없이 여름이 가고 또 소리 없이 가을이 와 무르녹고 있으니 자연의 신비에 탄성을 지르지 않을 수 없다.

주여, 때가 왔습니다.
지난 여름은 참으로 위대했습니다.
해시계 위에 당신의 그림자를 얹으십시오.
들에다 맑은 바람을 놓으십시오.

마지막 과실들을 익게 하시고
그들에게 이틀만 더 남국의 햇볕을 주시어
그들을 완성시켜 주시고, 마지막 단맛이
짙은 포도송이 속에 스미게 하십시오.

지금 집이 없는 사람은 이제 집을 짓지 않습니다.
지금 고독한 사람은 계속 고독하게 살아
잠자지 않고, 책을 읽고, 긴 편지를 쓸 것입니다.
낙엽이 뒹구는 가로수 사이를
이리저리 불안하게 방황할 것입니다.

라이너 마리아 릴케의 「가을날」이 해마다 이맘때쯤이면 새롭게 생각난다. 인간을 사랑했고 꽃을 사랑했던 릴케. 그래서인지 그의 사인死因도 아름답게 전해 온다. 평소 알고 지내던 베인 부인과 과수원 길을 거닐다 그 부인을 위해 장미꽃을 꺾으려다가 그만 장미에 찔리게 되고 그로 말미암아 죽음에 이르게 되었다는. 릴케의 시詩의 소재는 일상 우리가 만나는 보편적 범주를 벗어나지 않고 있다. 인생에의 깊은 반성을 주체적으로 과시하기라도 하는 듯한 기도형식의 시들, 그 분위기를 이루는 여름날의 폭풍과 비, 밤, 가을날, 고독들은 모두 소재의 보편성 속에 특이함을 보여주고 있다.

릴케의 신神은 '중세의 신神' 에서와 같이 중세인들이 맹목적으로 추종했던 신이 아닌 모든 사물에 편재해 있는 범신론적인 신으로 풀이된다. 그것은 사물을 바라보는 릴케의 시선이 지니는 냉철한 인식의 힘에서 우러나오는 것이리라.

지난여름의 창조는 신비와 경이를 안고 우리 앞에 와 노크를 하고 있다. 그러나 고독한 인간은 본래적인 고독을 극복할 수 없고 깊은 어둠에 묻혀 책을 읽고, 그리고 긴 편지를 쓰는 가운데 스스로 존재가치를 찾고 있는 것이며, 낙엽이 뒹굴면 가로수 사이를 이리저리 불안하게 서성거리는 그런 미아迷兒가 되어 버린다.

가을은 풍요로운 계절이다. 먹빛의 포도가 주렁주렁 열리고 야무지게 잘 익은 밤이 아람을 벙글고 미소를 던진다. 원색의 고추가 멍석에 널려 따가운 햇살을 받아 투명한 빨강으로 변신을 하고 바지랑대 위에는 고추잠자리가 맴을 돈다. 들녘엔 황금물결이 일고 산하가 모두 풍요로운 그런 계절이다. 그러나 풍요로운 결실 뒤에 남는 건 무엇일까. 모두가 공허요, 고독이요, 어둠이 아닐까?

저만치 중추仲秋가 오고 있다. 더도 말고 덜도 말고 한가위 보름달 같아 달라는 풍요가 만월 속에 박혀, 어둠 속에서 질식할 것 같은 우리네 마음속을 환하게 밝혀주고 있다. 이 때가 되면 귀소본능이 유달리 강한 우리네는 고향으로 달리는 마음으로 한껏 충만해 있을 것이고 이 가을마냥 마음도 살찌리라. 도시생활에서, 직장생활에서, 편리한 현대의 물질의 홍수 속에서 허우적거리다가 모든 것 다 떨쳐버리고 어릴 적 고향의 품속에 안기고자 고향으로, 고향 길로 떠나리라.

작년 이맘때쯤 나는 어머니를 모시고 아내와 어린 꼬마와 더불어 고향 성묘길에 올랐었다. 깨끗하게 포장된 국도를 따라 좌우에 펼쳐진 산하는 동양화폭마냥 그윽하고 포근하였다. 어릴 적 시골 운동회마다 십 리, 이십 리 길도 걸어서 구경을 다니던 그 꿈길이 아스팔트로 덮여 질식하는 것 같았다. 아직도 맑은 물이 바위를 우렁차게 감돌아 흐르는데 삼베 베잠방이를 입고 메기를 잡으러 뛰놀던 하동河童은 지금 어디로 갔을까? 벼 벤 그루터기 밑에 살진 미꾸라지를 잡고 논두렁 개울에 산태미를 들이대고 고기를 잡다가 뱀이 우굴거려 질겁을 하고, 내빼던 그 개울물이 지금도 흐르는데 코흘리개 양철이는 어디 있을까?

성묘를 하고 나자 내려다보이는 시원한 들녘에의 내 고향은 옛날과 다름없건만 어디를 가나 아는 사람은 찾을 길이 없고 마음은 허전하기만 하니 고향도 타향인 걸 어쩌겠는가. 논길과 밭두둑 길을 지나 꿈길을 더듬고 옛 동네 어귀에 다다랐다. 메뚜기를 잡으러 줄달음치던 어린아이들의 모습과 얼음이 꽁꽁 언 논에서 썰매타기에 여념이 없던 그 어린 시절이며, 어머니 따라 동네 어귀에 있던 디딜방아를 따라다니던 시절의 모습이 내 앞에 번갈아 든다. 그 때의 디딜방아도, 나무울타리도, 초가지붕도 온데간데없고 시멘트 블록 담과 슬레이트 지붕으로 온통 현대화(?)되어 버렸다.

그렇게도 높다란 담이 왜 이렇게 낮고, 공차기하느라 내닫던 그 고샅길이 왜 이처럼 좁아만 보일까? 내가 살던 집은 아직도 그 형체가 남아 있으나 그 집에 사는 사람은 알 길이 없고 알 수 없는 사람의 문패만 덩그러니 걸려 있다. 보랏빛과 흰색의 감자꽃이 어우러져 피고 탐스런 감자와 채소가 자라고, 울타리 가에 심은 옥수수가 하얀 수염을 길게 늘여빼던 그 텃밭에 낮모를 현대식 주택이 들어서 있다.

살던 집이 헐리고 공장의 굴뚝이 우뚝 솟아 연기를 뿜을 때 우리를 슬프게 한다고 안톤 슈낙은 술회했던가.

허허로움과 서글픔이 좁은 내 가슴에 밀려든다.

만원버스에 몸을 맡기자 뒤로 스치고 지나는 고향산천의 모습이 나를 이방인으로 만들어 버린다. 어느 유행가수가 그랬던가, 인생은 나그네라고. 잠시 왔다가 돌아갈 인생인 것을, 내 인생만은 영원한 것인 양 착각했던 어리석음에 수수로움이 밀려든다. 현세의 물질과 영욕과 명리名利에 얼마나 연연해하고 마음 아파했던가? 소유란 일시적인 것을 영원한 것처럼 얼마나 착각하였던가?

색色은 공空이요, 공空은 색色이라는 부처의 가르침이 진리요, 수壽와 요夭가 하나라는 도가道家의 가르침이 몇 번이고 뇌리를 스치고 지나간다.

꿈속의 고향

올 더위는 다른 어느 해보다도 유난히 무더웠다. 어느 나라에서든 기상이변으로 폭서를 이기지 못해 목숨을 잃기까지 한다니 두려움이 앞선다. 인간의 능력이 신의 전지전능을 초월하려 한대서 신의 노여움을 산 것일까?

사실 인간의 지혜는 무한하게 놀라운 발전을 거듭하였다. 상상의 세계에만 있었던 하늘을 날으는 손오공은 비행기와 우주선으로, 축지법을 잘했다는 도사의 묘술은 기차나 자동차로, 삼형제가 고향을 떠나 십 년 후에 고향 어귀의 고갯길에서 만나 장기를 자랑하자던 만리경萬里鏡은 텔레비전과 전화통신으로 그 꿈이 실현된 지 오래다. 신의 오묘한 섭리에 의한 생명의 신비로움도 시험관 아기의 실험으로 귀중한 인간의 생명이 조작되고 있으니, 인간 스스로 자멸을 자초하는 것 같아 소름이 끼친다.

아들딸 구별 말고 둘만 낳아 잘 기르자던 보사부의 인구문제 캠페인의 슬로건이 어느 틈엔가 '하나씩 낳아도 삼천리는 초만원' 이라는 표어로 바뀌어 확성기로 목청을 돋우는 소리가 폭염의 아스팔트 위에 녹아내려 더욱 무덥게만 느껴진다. 시청 앞에도, 길모퉁이에도 오가는 사람들을 붙들고 이 운동에 참여하라고 강권하는 사람들의 성화가 이 여름을 더욱 무덥고 어둡게 한다. 며칠 전 이 좁은 땅덩어리에 모월 모일 모시를 기해 인구 4000만을 돌파했다는 신문의 톱뉴스를 읽은 적이 있다. 거리에도 해수욕장에도 이름 모를 산골짜기에 피서한다는 인파로 발 들여 놓을 틈이 없으니, 도대체 이 세상 끝은 어디쯤일까라는 생각이 든다.

과도한 기계문명의 발달로 대기가 오염되어 산성비가 내리니 기름진 옥토가 메말라가고 모든 것들이 썩어들어 오래 견디지 못한다. 모든 생물의 근원이 된 강물이 더러워져 물고기가 떼죽음을 당하고 있는데 이 죽음의 강은 언제쯤 인간을 그리로 몰아넣을 것인가 두렵다.

설상가상으로 인간의 부산물인 물질이 귀중한 정신차원을 앞질러 주객이 전도된 가운데 인간은 물질보다 가치 없는 존재로 전락된 지도 오래다. 인간에게 있어야 할 윤리라든지, 규범이 일체의 물질 앞에서 효력을 잃은 것도 어제 오늘이 아니다. 서기 2000년에는 이 세계가 종말이 오리라던 어떤 예언자의 말처럼 정말 오늘의 이 세상은 어디로 가고 있는지 모른다.

이럴수록, 그리고 이렇게 무더워질수록 비록 불편했고 어려웠지만 내 고향 어린 시절의 꿈속에 머물고 싶어진다. 여름방학이 시작되는 날엔 으레 여름풍경이 시원하게 수채화로 그려진 『여름공부』 책이 우리들 손에 나눠졌다. 그리고 담임선생의 자상한 주의사항이 끝나면 한달 30일이라는 긴 자유시간을 선물처럼 한아름 안고 환호성을 울리며 앞 다투어 교문을 나선다.

틈만 있으면 동네 친구들과 어울려 물고기들이 뛰노는 시원한 냇가로 나가 미역을 감고 배가 허출해지면 할머니께서 싸주신 보리나 쌀을 들고 강변의 원두막으로 달려가 수박이며 개구리참외로 바꿔먹는 맛은 지금도 잊을 수가 없다. 집으로 돌아오는 길은 먼 산 위에 솜털 같은 뭉게구름이 내 꿈마냥 피어오르다가도 어느 틈엔가 천둥이 치고 장대 같은 소나기가 내리면 우리는 영락없이 여름비의 포로가 된다. 억수 같은 소나기를 맞으면 우린 미상불 물에 빠진 생쥐 꼴이다.

사립문 밖에 다다르면 햇빛이 다시 쏟아지고 철 이른 메밀잠자리가 울타리 위에 맴을 도는데 하늘엔 오색찬란한 무지개가 피어오른다. 저 아름다운 무지개를 오르고 넘으면, 그리고 저 산을 넘고 또 넘으면 어딜까 라고 무지개 너머, 산 너머의 세계를 늘 동경하였다.

그렇게 넋이 빠져 있을 때, 어머니가 채반에 삼베를 깔고 손수 소다로 반죽하여 쇠솥에 막 쪄낸 빵이나 김이 모락모락 피어오르는 감자가 나온다. 부엌칼로 숭덩숭덩 썰어내 놓은 어머니 빵은 이 세상에서 맛볼 수 없는 천하의 일미다. 이렇게 더운 줄 모르고 하루해가 지면 황혼이 오고 넓은 마당엔 멍석이 깔리면서 저녁상이 푸짐하게 나온다.

할아버지, 할머니, 아버지와 함께 온 식구가 저녁상을 물리면 매캐한 모깃불 연기가 희뿌옇게 밤하늘에 피어올랐다. 극성을 떨던 모기 떼들도 한풀 꺾이고 할머니는 도란도란 구수한 옛얘기의 꽃을 피운다. 무서움이 많았던 나는 할머니 무릎에 안겨 언제나 판에 박은 하늘의 별 이야기를 들었다. 하늘의 선녀 직녀와 목동 견우의 애절한 이야기를 듣다가 눈이 퉁퉁 붓도록 울었던 누나에 대한 기억이 아직도 나의 뇌리에서 사라지질 않는다. 별이 갑자기 하늘을 일직선으로 가르고 산 위로 떨어지는 유성이 흐르면 어디선가 한 사람이 죽었다는 이야기도, 사람이 죽으면 붉은 불이 지붕 위로 솟구친다던 혼불의 이야기도 참 신비로웠다. 이런 할머니 얘기를 듣다가 어느 틈엔가 사르르 잠이 들고, 깨고 일어나 보면 언제든 할머니의 방이었다는 아련한 기억을 가지고 있다.

할머니 냄새가 좋아 여기저기 코를 들이밀고 흥흥대며 맡길 좋아했던 그 할머니도 이제는 찾을 길 없고, 푸석푸석 타오르던 모깃불의 낭만도 찾을 길이 없다. 에프킬러로, 모기향으로 인스턴트화되었고, 아름다운 인간의 마음도 찾을 수가 없다.

곡선의 자연미는 각角과 선線의 시멘트물로 바뀌어지고 도시의 거리와 집들은 더욱 무더워 간다. 작열하는 태양을 듬뿍 안은 시멘트 집과 거리는 야밤에도 방열을 하여 마치 쇠솥에 삶기고 있다는 기분이다. 턱 끝까지 차오르는 열기를 식히려고 옥상의 평상에 돗자리를 깔고 누우면 하늘의 별이 있고, 조금은 바람이 있어 그런대로 더위를 이길 수가 있다.

밤하늘을 보고 있노라면 입가엔 신세계 교향곡 중의 「꿈속의 고향」이 흘러나오고 상상의 나래는 또 고향마을을 날게 된다. 늑대 눈처럼 반짝인다던 늑대자리며 큰곰의 형상 같다던 큰곰자리가 있고, 독수리자리의 견우성과 거문고자리의 직녀성에 눈이 멎으면 몹시도 좋아했던 할머니 체취를 맡을 수가 있다.

그리고 할머니가 들려주었던 견우와 직녀의 애절한 사랑의 사연을 다시 듣노라면 갑자기 찌익 찌익 하는 기계음 소리가 고향을 차단하고 곧이어 전화 받으라는 전갈이 귀청을 따갑게 한다. 이렇게 하여 복잡한 일들 속에 다시 말려들고 이 여름은 더욱 무더위 속으로만 깊어간다.

(1983)

마음의 뜰

여름 장마가 남부지방을 휩쓸고 지나갔다고는 하지만 우리 고장엔 좀처럼 장마를 실감할 수가 없다. 엊그제 한 줄기 여름 소낙비가 시원스레 쏟아지더니 밤을 새고 나니 이내 하늘은 맑고 눈부신 태양이 창가에 쏟아진다. 여름비를 머금은 뜰의 초목들이 더욱 싱그럽다.

워낙 병약한 체질이어서인지 며칠째 계속되던 단식농성을 지켜보다 그만 몸살을 앓고 말았다. 참말이지 금년 한 학기는 무척 길고 지루했다. 눈물과 한숨 속에 어디에 서고 어디에 앉아야 할지 방향감각을 잃은 지 오래다.

그렇긴 해도 한 학기가 다 가는가 싶더니 간부급 학생들이 엿새째 철야농성에 들어가 버린 것이다. 비가 부슬부슬 내리던 일요일 아침, 농성을 풀 기미가 보이더니 정오가 넘어 그 긴 농성을 해체하고 Y병원에 입원을 하였다. 이들을 지켜보고 집에 돌아오고서부터 좀처럼 일어날 수가 없었다. 장마라 비는 그다지 심하게 오지 않아도 구름과 태양이 마치 숨바꼭질이라도 하듯 오락가락하던 날씨여서 집안에선 그다지 무더위를 느낄 수 없어 천만다행이었다.

유월의 마지막 주말. 자고 일어나니 한결 몸이 가볍고 산뜻하다. 37~8도를 웃돌던 체온이 뚝 떨어졌다. 몸살 끝에 돋아난 종양수술을 J외과에서 받아서인 것 같다. 이따금씩 창밖으로 새어들어 오는 제비의 해맑은 노랫소리는 어느 틈엔가 나를 고향집 처마 끝으로 데리고 간다.

자세히 보니 제비만도 아니다. 도시에선 좀처럼 보지도 듣지도 못할 이름 모를 새가 대문간 은행나무 위에 앉아 청아한 목청을 돋운다. 흰색과 검정 깃이 알맞게 조화를 이룬 여간 아름다운 새가 아니다. 이내 감나무로 옮더니 어느 틈엔가 창가 목련나무 위에 날아가 맑디맑은 아름다운 노래를 한다. 갑자기 집 앞을 지나는 자동차 굉음이 이들을 쫓고 그들의 노래를 묻어버리고 만다. 이 삭막한 도회 속의 귀한 길손을 주인도 아랑곳하지 아니하고 쫓아버린 문명이 너무도 얄미웠다.

과학문명의 발달은 우리에게 무한한 편리와 풍요를 가져다 주었다. 버튼만 누르면 무엇이든 요구하는 것들을 척척 해낼 수가 있는 편리한 세상이다. 미국에 있는 친구의 목소리도, 런던에 있는 고풍스런 시가지의 풍정도, 기아에 허덕이는 아프리카의 처참한 모습도 가만히 앉아서 보고 들을 수 있는 세상이다. 각종 음료와 식품들이 쏟아져 나와 가게마다 즐비하다.

그래서 그런지 요즘 사람들은 먹고 마시는 식생활 습관도 참으로 많이 변하였다. 옛날엔 명절이 되어야만 맛볼 수 있었던 식품들을 언제 어디서나 구할 수 있으니 여간 좋은 세상이 아니다. 정작 이런 편리나 풍요만을 좇다보니 남이야 어찌되던 아랑곳하지 않고 나만 잘살면 된다는 이기와 개인주의가 만연될 수밖에 없는가 보다. 물질을 얻기 위해서라면 수단방법을 가리지 아니하고 도적질이건 강도질이건 양심의 아무 가책도 없이 스스럼없이 해치워버린다.

요 며칠 전 유명메이커의 마가린 원료를 폐유를 처리하는 군소가공업자에게 납품하여 버젓이 제품을 만들어 내다 팔았다는 어이없는 보도가 있었다. 이럴 수가? 요즘 같은 세상에 백주에도 이런 일이 있단 말인가? 이 세상 끝에 와 닿은 허허로운 절망감을 감출 길이 없다. 온갖 매스미디어의 화려한 영상과 감언이설의 프로파간다로 이 나라 이 백성들을 얼마나 많이 기만해 왔다는 건가? 그동안 당국은? … 도무지 이해할 길이 없다.

그 치사한 돈을 벌기 위하여 국민의 건강쯤은 유보해도 좋다는 그 기업윤리는 도대체 인간의 양심일 수 있을까? 수십, 수백만 원의 광고료를 지불하면서 이 나라 이 백성에게는 온갖 감언이설을 늘어놓고 그네들 가족들에겐 뭐라고 했을까? 이러한 부정식품을 생산하는 업체를 가벼운 법칙에 따라 처벌하는 것이 과연 민주일까? 의문은 의문을 낳고 불신은 불신의 꼬리를 물고 끝없이 일어난다.

있는 자들이 없는 자들에게 할 수 있는 일은 사회복지에 과감하게 투자하는 일들이다. 이 제도가 잘된 구미에선 빈자貧者와 부자富者의 격차를 최대한 극소화하여 그야말로 살기 좋은 나라들이 많다고들 한다. 부富는 부富를 축적하고 빈貧은 빈貧을 낳는 부조리에서 벗어나야 민주요, 부국富國하는 길임을 우리 모두가 알아야만 한다. 모두들 나름대로의 존재가치를 인식하고 세상을 사는 소명의식이 있어야만 한다. 기업하는 사람들은 돈을 벌기 위해서라면 수단 방법을 가리지 않는 몰염치한이 아니라, 좀더 싸고 좋은 제품을 만들어 제공하는 길이 바로 국민복지를 향상하는 첩경이라는 가치인식이 있어야 한다는 말이다.

그저 얕은 속임수로 없는 자들이야 먹고 죽건 말건 나만 살아남아야 한다는 독단적인 사고에서 일탈해야만 한다. 그리하여 서로 믿고 서로를 사랑하며 뜨거운 마음의 창을 활짝 열어젖혀 서로를 맞을 수 있는 마음의 뜰을 가꾸어 나가는 길이 낙원으로 가는 길이 아닐까 싶다.

비 오는 날이면

간밤에 내리던 비가 조금 멎는가 싶더니 학교에 오기도 전에 빗발이 굵어져 차창을 두드린다. 연구실 문을 뚫고 들어오는 개구리 울음소리가 오늘은 유난히 크게 귓전을 때린다. 언제부턴가 비가 무척 좋아졌다. 비 오는 날이면 끝없는 나의 동경은 꿈의 여행을 시작한다. 구름 따라 떠돌다가 으레 머무는 곳은 어릴 적 동심으로 뛰놀던 고향의 논드렁길과 개울가이다.

비만 내리면 석철이랑 산태미를 들고 논길과 개울가로 나섰다. 물고기가 있을 만한 곳에 산태미를 들이대고 바지를 무릎까지 걷어 올린 석철이는 위에서부터 아래로 야지리 밟아 더터 온다. 더틈이 끝나자마자 잽싸게 산태미를 걷어 올리면 개울물은 밑으로 쏟아지고 금빛 붕어가 팔딱거리고 굵은 미꾸라지가 꿈틀거리면서 물방울을 튀긴다.

그러면 우리는 약속이라도 한 듯이 허공에다 대고 일제히 환호를 올린다. 집에서 기르고 싶은 소박한 마음으로 물이 든 검정 고무신에 붕어를 넣어 살금살금 집으로 가져오면 난 이 세상 어느 것도 부럽지 않았다. 어디 그뿐이랴. 장마가 오래

계속되는 여름날에는 밤알만 한 호박을 따서 물레방아를 만들어 가지고 물살 센 개울가로 나가 물레방아를 돌리던 추억도 잊을 수 없다.

철이 조금씩 들어가고 세상에 눈을 뜰 무렵, 그러니까 내가 시골 중학 3학년 때였다. 화사한 새 봄과 함께 여선생님 한 분이 우리 학교에 부임하셨다. 오르간을 잘 치던 그 여선생님은 우리들에게 음악을 가르쳤는데, 언제나 환한 웃음을 함박 머금고 있는 참으로 아름다운 분이셨다.

그 분은 몹시 나를 귀여워하셨고, 비 오는 날이면 꼭 나를 데리고 우동 저수지와 동정대洞庭臺 등을 두루 돌아다녔다. 그 때 오간 말들은 다 잊었지만 그 분이 대학 다닐 때 사귀던 사랑하는 사람이 있었다는 이야기만 지금도 내 머리에 남아 있다. 호수처럼 맑은 눈에 후리후리하게 큰 키를 하고 있는 게 마치 나를 닮았다는 말을 입버릇처럼 하였다. 그러나 참으로 이해하기 힘들었던 것은 너무 사랑하기 때문에 결혼할 수 없다는 거였다.

"선생님, 사랑하는데 왜 결혼을 할 수 없나요?"

"그건 네가 커보면 알게 돼!"

이 말은 그 이후에도 두고두고 의문으로 남았고, 아무리 생각해봐도 나에겐 풀 수 없는 수수께끼가 되었다.

내가 대학을 다니던 20여 년 전 어느 해 오월이었다. 시내 중앙동 길을 걸어가는데 어디선가 내 이름을 부르는 소리가 들렸다. 두리번거리는 내 시선이 머문 곳은 그 옛날 나에게 알 수 없는 사랑의 정의를 가르쳐 주었던 ㅈ선생님의 유난히 큰 눈망울이었다. 너무 반가워하시며 두 손을 마주 잡고 나의 안부를 물었다. 그리고 가까운 ㅂ제과에 들러 오래도록 옛날 이야기를 했다. 난 그 자리에서 너무 사랑했기에 결혼할 수 없었다던 선생님의 말씀이 어렴풋이나마 이해될 것 같다고 하였다. 그리곤 헤어졌고, 여태껏 어디서 어떻게 사시는지 소식조차 알 길이 없다.

차츰 나이가 들어가고 세상의 물정物情을 들여다보게 되던 내가 여성의 아름다움을 알게 된 것은 지금의 아내와 같이 근무할 때였다고 생각된다. 워낙 소극적이고도 내성적인 성격 때문에 같이 있을 때는 아무런 말도 못하고 있다가 여름날인가 갑자기 외지로 훌쩍 떠나버린 후에야 가슴이 휑한 고독을 느꼈다.

그리고 한 통의 짤막한 편지가 날아들고서부터 더욱 벌판 같은 공허감을 맛보았다. 그 편지의 내용도 잊혀지고 묻혀졌지만, 비를 피하려 처마 끝에 서 있었는데 오가는 사람들은 너무 무심하더라는 기억만이 어렴풋이 남아 있다.

그 일이 있고부터 우린 가끔 ㅈ시에서 만나 영화도 보고 차와 식사를 하면서 참으로 소중한 사랑의 의미를 깨달아 갔다. 그리고 어린 나에게 사랑의 의미를 가르쳐 주신 음악 선생님의 말씀이 옳았다는 생각이 들었다.

언젠가 교외로 소풍을 나갔을 때의 일이다. 하이힐과 스커트 차림을 한 아내가 도랑을 건너지 못해 쩔쩔매고 있는데도 손에 든 신문지를 말아 건네주었던 자신을 가끔씩 돌아보고 같이 웃을 때가 있다. 그때는 적어도 진실한 사랑은 손목도 잡아서는 안 되는 것쯤으로 생각하였다.

그러나 세상은 참 많이 변하였다. 며칠 전 학과 학생들이 계룡산 소풍에 동반해줄 것을 간청해와 따라간 적이 있다. 남녀의 성을 굳게 잠금 없이 퍽 자유롭고 발랄했다. 오월의 신록만큼이나 싱그런 젊음에 부러움을 느끼기도 하였다.

요즈음은 한 해의 나이테가 너무 두텁다고 느낄 때가 많다. 여성이 가장 아름다울 때는 여성다울 때다. 그러나 현대의 여성은 자꾸 남성화되어 가고, 남성은 여성화되고 있으니 큰일이다. 남성은 남성다워야 하고 여성은 여성다워야 아름답다.

목청을 돋우는 개구리 울음소리가 유난히도 크게 귀청을 울린다. 자연의 소리에 귀 기울일 수 있고 자연의 변화에 눈 돌릴 수 있는 마음의 여유가 필요한 때이다. 늘 가슴을 채우려고만 말고 비우는 데 힘쓴다는 현자賢者의 말씀을 되뇌어 본다.

(1985)

큰사람의 됨됨이

요즘처럼 강단을 지킨다는 게 여간 어렵고 두려운 때가 없는 것 같다. 그저 뭐가 뭔지 잘 모르던 시절에는 오만스러운 자신과 열정으로 나름대로 교단을 지키며 살았다. 그렇지만 내가 서 있는 자리가, 내가 앉아 있는 자리가 어떤 것인지 어렴풋이나마 알면서부터 어떤 죄책의식을 느끼기도 하고 때로는 두려움이 앞서기도 한다.

교수라는 직책도 옛날처럼 세속과는 동떨어진 상아탑에서 그저 연구하고 가르치는 것만으로는 곤란한 세상이다. 어차피 인생이란 그 시대적 환경 속에 그것이 요구하는 제약을 받고 살아야 하기 때문에 교수도 이의 영향권에서 벗어날 수 없는 존재다. 이뿐이랴. 하루가 다르게 급변하는 젊은이들의 의식 내지 윤리성도 큰 요인으로 대두가 된다.

70년대 말부턴가 시작된 학원가의 데모나 노사간의 분규는 전통적인 인습에서 탈피하는 분기점이 되어 전통적인 권위에 정면으로 도전장을 냈다. 가장 존귀하게 지켜져야 할 교수의 권위도 예 같지 않게 변질되었다. 존경하고 존경받아야 할 교수를 자신들의 비위에 맞지 않으면 곧장 어용御用으로 몰아붙이거나, 동등한 선상에 놓는 경우도 허다했다.

이런 사회적인 변화가 심화될수록 옛날이 더욱 그리워진다. 손윗사람을 존경하고 따르며 아랫사람을 사랑하고 아끼는 인간 본연의 원초적 윤리를 탄탄한 벼리로 알던 그 시절의 학생들이 그리워진다. 지금도 나의 뇌리에 끈끈한 정으로 남아 있는 몇 가지 이야기들은 내가 어떻게 살아야 할 것인지의 지남指南이 되기도 한다.

운봉雲峯이 고향이었던 ㅂ이라는 여학생이 있었다. 성적도 과에서 수, 차석을 할뿐더러 워낙 얌전하고 성실한 학생이었다. 여름 방학을 마치고 연구실에 들른 그 학생은 얼굴을 붉히면서 야무지게 싼 큰 덩어리의 보자기 꾸러미를 내놓았다. 그게 뭐냐고 물었더니 집에서 기른 한봉인데 교수님의 위장병에 좋다고 하여 어머니가 싸주셨다고 더듬거렸다.

그 때 난 신경성 위장염을 심하게 앓던 터였고, 삶과 죽음을 몇 번이고 생각했던 때였다. 그러니 너무 귀하고 값진 것은 말할 것도 없으려니와, 그 찰찰 넘쳐흐르는 정과 아름다운 마음씨에 크게 감동되었다. 그리고 지금도 그 고마운 정을 내내 잊지 못하고 있다.

그 무렵 김제에 살던 ㄱ이라는 남학생의 이야기도 질박한 시골의 한 풍경을 대하는 것 같은 순박성을 대신하고도 남는다. 그는 과대표도 했을 뿐만 아니라, 아주 똑똑하고도 야무졌다. 가끔씩 집에 들러 여러 가지 조언을 청해 왔고, 그 때마다 나의 삶에서 얻어진 생활철학을 바탕으로 여러 가지 도움말을 들려주었다. 봄 학기가 끝나고 여름방학에 들어갈 무렵, 그는 군 입대를 한다고 인사차 집에 들렀다. 여느 때와 같이 여러 가지 이야기가 오갔고, 나는 군에 가거든 몸 성히 잘 다녀오라고 부탁을 하였다.

그는 차를 들자마자, 김제로 가는 버스를 타야 한다면서 자리를 훌훌 털고 일어섰다. 현관문을 나서는데 무슨 비닐봉지 속에서 "후드득 후드득" 하는 소리가 들렸다. 깜짝 놀라 이게 뭐냐고 물었더니 머리를 긁적거리면서 "제가 집에서 기른 닭입니다. 교수님 드시라고 가져 온 겁니다."라며 매우 겸연쩍은 미소를 지어 보였다. 지금도 그 순진무구한 미소와 순박하고도 아름다운 마음씨를 잊지 못하고 있다.

지난여름은 학위논문 정리의 막바지라 도시락을 둘씩 싸들고 아침부터 저녁 늦게까지 연구실에 앉아 있어야만 했다. 이따금씩 서울의 모 회사에 취업한 ㅇ양과 ㄹ양한테서 안부전화가 걸려왔고, 그때마다 '뵙고 싶다느니', '그 옛날 학창시절이 그립다느니' 하더니 8월 20일 이날 하루만은 집에서 쉬라고 권유해 왔다. 휴가를 내어 몇몇 친구들과 함께 내 집을 방문하겠다는 거였다.

나 역시 더위에 지친데다 일의 진척이 잘 되지 않아 하루쯤 머리를 식힐까 하던 참이었고, 또 그들이 보고 싶기도 하여 쾌히 응낙을 하였다. 그날 11시쯤 되었을까, 지난 봄에 혼례를 올린 ㄱ양과 회사에 다니는 ㅇ양, 임실에서 가사를 돌보는 ㄹ양 등이 화사한 안개꽃에 빨간 카네이션을 한 아름 안고 웃음을 몰고 우리 집에 들이닥쳤다.

그리고 서울에서 사가지고 왔다는 케이크도 내놓았다. 영문을 몰라 웬일이냐고 하였더니 며칠 있으면 교수님 생일인데 그 때 똑같이 휴가를 얻지 못하기 때문에 미리 온 거라고 장

황하게 수다를 떨었다.

신혼의 이야기며, 아버님이 편찮으시다는 ㄹ양의 이야기, 대학까지 마쳤는데도 변변한 일자리를 구하지 못하여 집안에서 부모님 뵙기가 민망하다는 등의 이야기를 주고받았다. 안에서 간단하게 차린 점심을 나누고 또 차와 과일을 들면서 지난날들의 이야기에 시간 가는 줄 몰랐다.

교수직을 제대로 지키지도 못한 나에게 해마다 잊지 않고 보내는 이들의 과분한 정에 부끄러움이 앞서는 걸 숨길 수가 없다. 사실이지 난 해가 거듭될수록 교수직이 어렵고 아무나 할 수 있는 직책이 아니라는 걸 깨닫게 되었다.

홍만종의 『순오지』 상권을 보면 악정공岳正公이 하공夏公에게 주회酒會를 열고 이르기를 '산傘자에게는 사람이 다섯 사람이 있는데 아래로 소인小人들이 벌려 있으면서 위로 큰 한 사람을 모시고 있으니 이른바 복이 있는 사람은 타인들이 복종하면서 섬겨주고 복이 없는 사람은 타인에게 복종하면서 섬긴다.' 고 하였다. 이는 지배자와 피지배자의 사회적 관계를 잘 나타낸 말이기도 하지만, 이를 잘 살펴보면 섬김을 받을 수 있는 지배자의 윤리가 담겨져 있다는 걸 알 수 있다.

즉 위에 큰 한 사람의 됨됨이에 따라 피지배자의 안녕이 달려 있다는 사실이다. 우산의 종이나 천이 낡고 연약하여 비바람에 날려지거나 찢겨진다면 그 밑에 있는 사람은 모진 비나 눈, 그리고 바람에 시달려야 하는 운명을 피할 길이 없다. 또한 진실로 섬김을 원하고자 한다면 남보다 먼저 비바람을 막아주는, 그리하여 거느리고 있는 사람들이 안락하게 살 수 있는 그런 숭고한 희생정신이 없어서도 안 된다.

온 세상 사람들의 죄를 대속代贖코자 십자가에 못 박히신 예수의 살신성인의 정신과도 등가적인 의미가 아닐까. 날이 갈수록 나나 내 가족만 잘 살면 된다는 캡술형 인간들이 많아지는 세상이다. 극단의 이기주의나 개인주의가 판치는 세상에서 이런 아름다운 정신을 다시금 되새겨 봄직하지 않을까 싶다.

(1987)

한 잔 먹세그려

술, 술은 술술 잘도 넘어간다고 하여 술이라 하였던가.

술을 마실 때에는 독배獨杯보다는 우선 뜻이 맞는 사람과 함께라야 그 맛과 멋을 함께 누릴 수가 있다. 정겨운 친구나 사랑하는 사람과 대작하는 경우에는 훨씬 더 도타운 우정과 사랑을 함께 만끽할 수 있다는 것이다. 뜨락에 목련꽃이 흐드러지게 필 때나 매화꽃이 만발할 때면 친구나 애인을 불러 술 한 잔 나누고픈 마음이 일렁이는 게 인지상정이다.

자네 집에 술 익거든 부디 날 부르시오
초당에 꽃 피거든 나도 자네 청하옴세
백년덧 시름 없을 일을 의논코자 하노라

효종 때 우의정을 지낸 김육(1580~1658)의 시조로 알려져 있다. 술이 익으면 그 달콤한 술 향내가 온통 마을을 흔들어 놓고도 남는다. 박목월의 「나그네」에 나오는 "술 익는 마을마다 타는 저녁노을"이 아닐까 싶다. 술이 익는 마을에서 연상되는 것은 붉게 타오르는 저녁놀과의 자연스런 조화다. 술을 마시지 않아도 발그레하게 볼에 떠오르는 홍조가 술 익음과 아주 잘 어울린다는 말이다. 술이 익어 그 감미로운 향취가 온 집안을 진동하고 마을 전체를 휘감고 돌면 가까운 친구를 불러 정겨운 술잔을 나누고, 뜨락에 꽃이 흐드러지게 피어도 정다운 사람을 불러 술과 마음을 나누는, 이러한 정경은 영락없이 한 폭의 아름다운 수채화이다. 더불어 살아가는 '이웃사촌'의 정겨움이 넘쳐흐르는 정말 살맛나는 세상일 수밖에 없다.

갓괴어 익은 술을 갈건으로 받쳐놓고
꽃나무 가지 꺾어 수놓고 먹으리라
명사明沙 맑은 물에 잔 씻어 부어들고
청류淸流를 굽어보니 떠오는 게 도화桃花로다
무릉이 가깝도다 저 뫼가 그 아닌가

불우헌 정극인의 「상춘곡賞春曲」 가운데 술 마시는 즐거움을 노래한 단락이다. 정극인은 성종조에 정언 벼슬을 그만두고, 처가가 있는 태인으로 낙향을 하였다. 고희를 넘기고도 좋은 벼슬살이를 못했던 그는 칠보 동진강 가에 초가삼간을 짓고 근심과 걱정을 아니하고 살아간다 하여 '불우헌不憂軒'이라 이름 하였다. 「상춘곡」은 애써 임천林泉에 묻혀 살면서 자연과 하나가 되는 것만이 진락眞樂이라고 노래한 명편이다.

우리 인간들이란 본디 자연에서 낳아 자연으로 돌아갈 수밖에 없는 미물이다. 중국을 천하 통일하고 천만세를 구가하려던 진시황도 역시 자연으로 돌아갈 수밖에 없는 나약한 인간임을 역사는 증명하고 있지 아니한가.

불우헌 역시 벼슬길에 나아갔다가 큰 뜻을 이루지 못하고 아름다운 자연에 묻혀 살면서 인간 세상의 부귀공명이 한갓 뜬구름 같은 헛된 꿈이었음을 절감하고 있다. 그는 이러한 인식에 도달하면서 오직 청풍명월, 곧 자연만이 진정한 자신의 벗이었다는 경지에 이르면서 인생을 재음미하고 있는 것이다.

잘 익은 술을 받쳐 들고 꽃가지를 하나하나 꺾으면서 술잔을 셈하고 먹는 주도酒道에서 우리는 방탕하지 않은 절제된 선비의 멋들어진 풍모를 느낄 수가 있다. 깨끗한 모래 위를 흐르는 맑은 시냇물에 술잔을 씻어서 술 한 잔을 부어들고 시냇가를 굽어보고 있노라면 복숭아 꽃잎이 물 위에 떠내려온다. 이러한 정경 속에 여기가 바로 무릉도원이 아니냐는 불우헌이니 만치 인간 세상의 더러운 영욕이 끼어들 틈새가 전혀 없다.

우리 선인들은 술잔을 세면서 술을 마셨다. 술을 의인화한 임춘의 「국순전」이나 「국선생전」을 보더라도 술이란 절제하지 않으면 패가망신할 수밖에 없는 것이어서 술잔을 세면서 술을 마셨다. 사람마다 술에 취할 수 있는 그 한계가 있기 때문에 주량을 벗어나지 않게 하기 위한 방편임에 틀림없다.

술잔은 짝수보다 홀수를 철칙으로 삼고 있다. 짝을 이루기 전의 불완전성을 선호했기 때문이다. 요즘도 술 마시자고 권유할 때 으레 하는 말이 '딱 한 잔' 이다. 그러나 이 한 잔 가지고는 부족하기 때문에 '또 한 잔' 으로 이어져 석 잔, 다섯 잔, 일곱 잔이 되고 급기야는 한 병, 두 병, 세 병으로 단위가 확대되어 버린다. 이를 잘 대변해 주고 있는 것으로 송강의 「장진주사將進酒辭」를 꼽을 수 있다.

한잔 먹세그려 또 한잔 먹세그려
꽃 꺾어 산(算)놓고 무진무진 먹세그려
이 몸 죽은 후면 지게 위에 거적 덮여 주리혀 매어가나
유소보장流蘇寶帳의 만인이 울어예나
억새 속새 떡갈나무 백양나무 속에 가기 곧 가면
누런 해 흰 달 가랑비 굵은 눈 소소리 바람 불 제
뉘 한 잔 먹자 할꼬
하물며 잰나비 파람 불제야 뉘우친들 어쩌리

내가 잘 아는 어떤 여 시인은 고등학교 국어 시간에 이 「장진주사」에 매료되어 국문학을 전공하게 되었고, 그 일을 평생의 업으로 삼게 되었다고 했다. 뿐만 아니라 주량酒量과 주도酒道의 멋까지 체득하게 되었다는 말을 듣고서 같은 길을 걷고 있는 나로서 공감한 바 컸었다.

「장진주사」는 송강의 풍모가 그대로 드러난 멋들어진 권주가다. '한 잔 먹세그려 또 한 잔 먹세그려' 의 발어사에 이은 '꽃 꺾어 셈하면서 무진무진 먹세그려' 에 이르면 주도의 멋과 향이 그대로 응축되어 우리의 가슴을 온통 뒤흔들어 놓기에 충분하다.

한문만이 문자文字요, 진언眞言이라 했던 사대부들이 우리말을 쓰지 아니하고 만일 '일배 일배 부일배요, 절화산수 음무진이라(一杯一杯復一杯 折花算數 飮無盡)' 했다면 그 멋은 반감되어 가슴 일렁이는 묘한 그 흥분과 멋을 맛볼 수가 없으리라.

새삼 우리 정서와 생각을 그대로 옮길 수 있는 우리말글이 있었다는 건 우리의 자랑이요, 행복이 아닐 수 없다.

사람은 주검의 장례 행렬에서 더욱 뚜렷하게 귀천貴賤이 갈린다. 요즘도 상가에 가보면 망자가 후덕한 사람인지 살아생전 행실을 짐작할 수가 있고, 더욱 장지로 출상하는 날 그 장례 행렬을 따라가는 사람들을 보노라면 세상 사람들의 인심을 엿볼 수가 있다.

그러나 송강은 만인이 따르는 화려한 상여 행렬의 귀인이거나 거적 덮여 지게 위에 매어가는 천인賤人이나 억새풀이 우거진 무덤 속에 묻혀 버리면 아무 소용이 없다고 단정하고 있다. 살아생전에 우리의 인생을 풍요롭게 가꾸어 가자는 게 아닌가 싶다. 그래서 우리네 선인들은 개똥밭에 굴러도 이승이 저승보다 낫다거나, 거꾸로 매달려 있어도 이승이 저승보다 낫다 하였던가 보다.

술은 인생을 멋지게 하는 촉매제다. 그러나 용의주도한 절제를 필요로 한다. 째째하게 무슨 술잔을 세거나 베어 마시느냐는 호기豪氣를 술은 용납하지 않는다. 자칫 그러한 만용을 부리다가는 망신하거나 패가할 수 있기 때문이다.

술이야말로 인간 됨됨이를 속속들이 알 수 있는 신묘한 매체다. 아무리 이성과 가식으로 진실을 감추려 해도 술의 마력은 그것을 용납하지 않는다. 그래서 사람의 선악을 가리는 감별제로도 곧잘 쓰인다. 요즘 회사원들을 선발할 때 면접법에서 빼놓을 수 없는 필수 코스가 음주 감별법이라는 걸 모르는 이는 없을 것이다. 아무리 가식과 연출로 본질을 감추려 해도 이 술의 마력을 능가할 수 없기 때문이다.

술 또한 인간과 인간을 연결해 주는 중요한 구실을 한다. 처음 만난 사람이라도 술을 함께 마시게 되면 마음의 빗장이 풀려 무슨 일이건 술술 풀리게 된다. 어디 그뿐이랴. 사랑도 이 술이 있어야만 더욱 진솔할 수가 있다. 첫날밤 촛불을 끄기 전에 이성異性의 벽을 허물고 사랑을 나누는 첫 단계가 술을 서로 나눠 마신다. 이를 이름하여 합환주合歡酒라 하지 않았던가. 이 술을 마셔야만 가식으로 에워싼 그 굴레를 벗어나 거짓 없는 진실된 아름다운 정을 나눌 수 있다는 것이다.

그러나 이러한 술 역시 고도의 절제를 필요로 한다. 술이야말로 인간의 절제가 잘 통하지 않는 마력이 있는 것이기 때문이다. 주도면밀한 절제는 술잔 세기로부터 시작이 된다. 그래야만 술이 술을 먹고, 술이 사람을 먹는 몰아지경에서 벗어날 수가 있으리라.

(1998)

그 말 한 마디

지난여름, 반백의 동창들이 선운사 계곡에서 야유회를 가졌다. 해마다 여러 차례 찾았던 곳이지만, 올여름 선운사 골짜기는 더없이 정겨웠다.

소나기가 몇 차례 지나간 장마 끝이어서인지, 골짜기를 흐르는 물소리가 숲길까지 울려 퍼져 그렇게 시원할 수가 없었다. 이십수 년 만에 처음 만난 동창들도 오솔길을 오르면서 정겨운 이야기를 나누다 보니 그 생경함이 금세 사라진다. 그중에는 오다가다 몇 번 스친 이도 있었고, 동기간처럼 아주 가까이 지내는 친구도 있었지만, 어차피 우린 동창이란 굴레를 쓴 사람들이어서인지 조금도 서먹한 마음이 들지 않았다.

오솔길을 따라 한참을 오르던 우리들은 계곡물이 실팍하게 흐르는 너른 바위 위에 자리를 잡았다. 어디를 가나 행락객들이 버린 쓰레기 때문에 고약한 냄새가 풍기지만, 여긴 그래도 덜했다. 가끔씩 골바람에 실려 온 싱그런 산 향기 덕택일 거라는 생각이 들었다.

의례적인 절차를 마친 다음에 준비해온 푸짐한 안주와 술과 밥이 그 너른 반석 위에 펼쳐졌다. 온갖 이야기를 주고받으면서 몇 순배 술잔이 돌자 취흥이 도도히 흘렀고, 취흥 따라 노랫가락도 도솔산 골짜기에 울려 퍼졌다. 오늘을 사는 우리들도 우리네 선인들처럼 노랫가락을 즐기고 노는 것 역시 유별나다. 학창시절 우리네 정서에 녹아들었던 가곡으로부터 각종 유행가가 흐드러지는 가운데 좌중의 흥취도 무르녹았다.

취흥에 겨운 노랫가락이 도솔산 계곡을 흐를 때마다 우리들의 우정은 더욱더 깊어만 가고, 취락醉樂에 빠져버린 우리들은 세사世事와는 거리가 먼 도화원桃花園의 신선 같았다. 발그레하게 홍조 띤 얼굴이 그 옛날 학창시절의 기억을 되살리기도 했지만, 깊게 팬 주름살과 반백이 넘은 머리카락이 왠지 마음을 서글프게 하였다.

자연의 순리는 엄연한가 보다. 인간도 자연의 일부분이다. 아무리 막강한 권력이라도, 제아무리 세상을 말아먹을 재력일지라도 이 엄연한 자연의 진리만은 거스를 수 없다. 벌써 지천명의 나이란 중늙은이일 수밖에 없다. 하늘로부터 부여받은 천분天分을 알 나이란 이런 세상의 이치쯤이야 터득한 철든 사람이란 뜻이렷다.

2천2백여 년 전 최초로 중국대륙을 통일하여 만리장성을 쌓고 아방궁을 지어 온갖 영화를 누렸던 시황제 영정瀛政도 자신이 죽으면 묻힐 제릉을 70만 명이나 동원하여 축조했노라고 『사기』와 『한서』에 전하고 있다. 그러므로 불로초를 구해 늙지 않으려 했던 그 역시 이러한 자연의 순리를 알고 있었던 현자가 아니었던가.

인간은 유한한 존재이다. 제아무리 큰 힘과 주체할 수 없는 금권이 있다 한들 이 모두가 일순간의 거품에 불과하다. 반야

심경의 색즉시공 공즉시색色卽是空 空卽是色이라는 구절이 우주를 꿰뚫는 만고의 진리임을 느끼게 한다. 인간 백년이란 세월도 억겁에 비겨보면 찰나에 지나지 않는다.

노랫가락과 취흥에 빠져있는 친구들의 깊어진 주름살과 서릿발 같은 백발을 보면서 이런저런 상념에 잠겨 있는데, 자리를 옮겨 운동을 하자고 누군가 제안을 했다. 아무도 이의를 달지 않고, 그가 하자는 대로 따라갔다. 담임선생을 따라가는 초등학생처럼 그렇게. 그 곳은 선운 야영 캠프장이었다.

배구 네트를 테니스 네트처럼 그렇게 치고 손 대신 발과 몸으로만 공을 밀어내는 발배구. 극동식 배구처럼 9명씩 편을 나눠 게임을 시작했다. 발로 서브를 하면 그 공을 받아 배구와 같이 공격을 하면 되는 경기였다. 그러나 서브나 리시브가 마음 같지 않았다. 아무리 정성을 들여 열심히 해보아도 공은 제멋대로 튕겨 달아나 경기가 이뤄질 수가 없었다.

한쪽에서 쉬고 싶다고 한사코 사양하던 내가 뛰어나가 선수교체를 자청했다. 왕년엔 그래도 배구 경기가 열릴 때면 늘 선수 측에 낄 정도였기 때문이었다. 그러나 이게 웬일인가? 똑바로 서브한다는 게 왼쪽으로, 또는 오른쪽으로 빗나가버리고 내 앞으로 오는 공을 정면으로 찼는데 그만 데그르르 굴러 떨어지니 기가 찰 일이었다.

벌써 나이가 들어 생각과 몸이 맞아떨어지지 않는 게 한심스러웠다. 나만 그런 게 아니라 모두들 마찬가지였다. 볼이 엉뚱하게 빗나갈 때마다 서로들 재미있다는 듯 한바탕 웃음바다를 이루었다. 얼마간 경기에 열을 올리고 승부에 몰두하고 있을 때였다.

"맨 할아버지들 뿐이네."

어디선가 여자의 목소리가 크게 울렸다. 워낙 깊은 산속이어서인지 목소리가 크고 또렷하게 들렸다. 우리는 약속이나 한 것처럼 경기를 멈추고 일제히 소리나는 쪽으로 시선을 돌렸다. 야영 캠프장 정문 쪽에 여고생인 듯한 소녀들 서넛이 우리들을 바라보고 있었다. 모두들 어안이 벙벙한 표정들이었다. 우리밖에 다른 사람이 거기엔 없었기 때문이었다.

너무나 놀라운 충격이었다. 사람은 어리석은 동물인가. 만물의 영장인 것 같으면서도 한없이 우매한 동물인 것을 어쩌랴. 그 가운데서도 나이에 대한 착각이 매우 심각하다. 육체는 노쇠해도 정신은 육체만큼 노화하지 않기 때문인가.

자식에 대해서는 부모의 사랑이 겹쳐 이러한 현상이 더 심하게 나타나게 마련인가 보다. 아무리 자식이 나이를 많이 먹었대도 부모의 눈엔 늘 어린애로 보일 것이기 때문이리라. 아흔 살 된 아버지가 냇물을 건너면서 일흔 살 된 아들에게 조심해서 건너야 한다고 일렀다던 일화가 있지 아니한가.

복잡한 세상일에 쫓겨 허위허위 살아오다 그 여고생인 듯한 소녀들의 동공을 통해 확인된 자신들의 모습을 새삼 들여다볼 수 있었던 것은 그리 흔한 일이 아니다. 지천명을 넘겨 반백이 되었거나 온백이 다 된 머리카락만 보더라도 벌써 중늙은이는 되지 않았을까.

"맨 할아버지들 뿐이네."

아직도 그 여고생인 듯한 소녀들의 또렷한 그 말 한 마디가 귀에 쟁쟁히 울려온다.

(1993)

목련꽃 바람

한줄기 바람이 꽃잎을 스치고 지나간다. 우아한 목련 꽃잎이 가늘게 흔들리다가 하나 둘 떨어진다. 떨어진 꽃잎을 보노라면 애잔한 느낌보다 어린애의 앙징스런 발자국 같아 오히려 귀여운 생각이 들 때가 많다. 담장 가에 수줍은 시골 색시마냥 소담스레 피어있는 개나리도 불어오는 바람결에 수줍음을 이기지 못하고 가늘게 흔들린다.

올핸 여느 해와는 달리 꽃샘바람이 그다지 거세지 않았다. 참으로 오랜만에 목련의 그 우아한 멋을 듬뿍 안아 볼 수 있는 것은 얼마나 큰 기쁨이었는지 모른다. 목련꽃 그늘 아래 앉아 조용히 봄꿈에 젖어 있노라면 그 꽃에서 피어나는 은은한 봄의 향내를 맡을 수가 있다.

이렇게 좋은 날엔 박목월朴木月의 「사월의 노래」가 생각난다.

목련꽃 그늘 아래서
베르테르의 편질 읽노라
구름 꽃 피는 언덕에서

피리를 부노라
아! 멀리 떠나와
이름 없는 항구에서
배를 타노라
돌아온 사월은
생명의 등불을 밝혀둔다
빛나는 꿈의 계절아
눈물어린 무지개 계절아

보드라운 바람이 얼굴과 목덜미를 스치고 지나간다. 바람을 느낄 수 있다는 건 살아 있다는 신의 큰 축복이 아닐 수 없다. 이럴 때면 내 좋아하는 친구를 불러 목련꽃 그늘 아래서 술잔이라도 기울이고 싶다. 봄과 더불어 느껴오는 삶의 신비가 속세의 나를 모든 것들로부터 해방시켜 주기 때문이다.

"그까짓 물질이 다 뭐야!"

"명예나 권세가 다 뭐람"

"한낱 물거품인 것을."

아무리 수단 방법을 가리지 아니하고 엄청난 돈을 쌓아놓고, 또 외국에 빼돌려 본들 무슨 소용이 있으랴. 오래 갖고자 해도 영원히 소유할 수 없고, 아무리 욕망을 불태워 봐도 다 부질없는 헛것임을 어쩌랴.

수로水路부인이 남편 순정공을 따라 동해 바닷가를 지나다가 천길 낭떠러지 위에 흐드러지게 핀 아름다운 철쭉꽃을 보고는 그냥 지나치질 못하였다. 기어이 그 꽃을 꺾어 갖고자 했다는 그녀의 욕망이 『삼국유사』에 전한다. 그러나 아무도

수로부인의 소망을 들어줄 수는 없었지만, 암소를 끌고 가던 노인이 그 곳을 지나다가 철쭉꽃을 한 아름 꺾어 부인에게 바쳤다는 「헌화가獻花歌」가 신화적인 이야기 속에 전해지고 있다.

일반적으로 물질에 대한 욕망은 남성보다 여성이 훨씬 더 강하다. 그러기 때문에 죄의 시원이 여성이었음을 성경이나 문학작품 속에서 흔히 엿볼 수 있는 게 아닐까. 몇 해 전 대도大盜 임 모가 고위관리의 저택에서 훔쳐 세인의 이목을 끌었던 물방울 다이아도 아내의 욕망을 채워주기 위한 가련한 남편의 배려였을 것이며, 섬섬옥수여야 할 여인네의 손이 '큰 손' 으로 바뀌어 버린 것도 여인네의 분수에 넘친 욕망에서 비롯된 것이란다면 여성운동가들에게 혼쭐날 일일지 모른다.

한 십 년 전쯤의 일이다. 나는 신경성 위장염에 시달려 삶의 의욕을 잃고, 심신이 극도로 쇠약한 적이 있었다. 양·한방 할 것 없이 모든 병원을 다 돌아다니면서 온갖 처방을 다 해 보았지만 아무 소용이 없었다. 효험은커녕 죽음의 그림자만 자꾸 짙어져가는 것 같았다. 육 척 가까운 큰 키에 몸이 너무나도 가냘파져서 바람만 불어도 몸을 가누기가 힘들 때가 있었다.

온갖 검사도 다 해보고 진찰도 다해 보았다. 하지만 아무런 이상이 없다고들 하니 정녕 고치지 못할 몹쓸 천형天刑 같은 지병에 걸린 것이 틀림없다고 생각하였다. 철모른 어린애들이 가엾고 젊어 홀로 되신 어머니가 불쌍하였다. 그 꺼질 듯한 어머니의 한숨은 죽으로 연명해 오는 나를 몹시도 슬프게 했다. 정말이지 이렇게 쉽게 거두어 가실 일이라면 왜 이 한 몸을 세상에 보냈는지 그런 하나님이 무한히 원망스러웠다.

얼마쯤이나 죽음의 골짜기를 오르내렸을까? 마지막으로 시내에서 내과병원을 하는 ㄱ 학장을 찾아뵙기로 하였다. 천만 뜻밖에도 나는 그 곳에서 그 어디에서도 들어보지 못한 따스한 위로와 격려를 받았다. 그것은 절망에 헤매던 나에게 한 줄기 생명의 빛이요, 환희였다. 그분의 정성어린 치료를 한 달포쯤 받았을 때 비로소 죽음의 심연에서 벗어날 어떤 가능성이 보였다. 조금씩 밥맛을 느낄 수 있었고, 살 수 있다는 그 어떤 희망이 소롯하게 되살아났다.

이제는 정분 따라 몇 잔의 술을 즐길 수도 있는 건강을 회복하였고, 살아 있다는 삶의 기쁨도 누릴 수가 있다. 코끝을 스치는 꽃내음의 상긋함도 느낄 수가 있고, 한 줄기 바람이 일어 내 목덜미를 스치고 지나가는 삽상함도 느낄 수가 있어 좋다.

떨어져 누운 목련의 꽃잎이 마치 아장거리는 어린애의 발자국 모양 같다는 생각도, 목련꽃 그늘 아래서 정다운 친구와 한 잔 술을 나누고픈 그런 충동도 삶의 기쁨이 아닐 수 없다. 그러나 이 모든 것들이 떨어져 누워 있는 목련꽃잎마냥 허무하고도 허망한 것을 어쩌랴.

그러기에 고산 윤선도는 「오우가」 중에서

> 꽃은 무슨 일로 피면서 쉬이 지고
>
> 풀은 어이하여 푸르는 듯 누르나니
>
> 더우면 꽃 피고 추우면 잎 지거늘

이라고 만물의 무상함과 그 순행을 노래하지 않았나 싶다. 이 세상 모든 것들이 '화무십일홍花無十日紅'이요, '권불십년이權不十年耳'가 아니런가. 꽃이 아무리 아름다워도 열흘을 넘지 아니하고, 권세가 아무리 강해도 십 년을 누리지 못한다는 만고의 진리를 이보다 더한 말로 웅변할 수 있을까. 꽃이 피면 시들고 푸르름도 곧 변하게 마련이라는 만상의 순행의 법칙을 고산은 인생의 덧없음으로 노래하였다.

정말 이 세상 만물들이 어느 하나 영원히 존재하는 것은 없다. 우리의 몸속을 파고드는 이 계절의 봄바람도, 우리의 코끝을 스치고 지나가는 목련꽃 바람도 영원한 것은 없다.

(1988)

오월

오월이 간다. 아까시꽃 향기 상긋한 오월이. 눈부시도록 찬란한 신록의 그 오월이. 창문을 활짝 열어젖히면 멀리 구름을 머리에 인 모악이 한눈에 들어온다. 잠시 내리던 비바람이 멎고 햇살이 퍼지니 산야의 신록이 더 발랄한 자태로 우리 앞에 다가든다.

이토록 자연은 말할 수 없이 아름답다. 꾸미지 아니하고 화장을 하지 않더라도 내부로부터 우러나는 그 본디의 태깔이 우리 인간으로서는 도저히 흉내조차 낼 수 없는 소박한 아름다움이다.

신록은 시간과 계절을 따라 색깔의 농담이 달라지고 모양도 제각각 다르다. 봄은 어린 병아리 같은 연초록이지만, 사오월이 되면 눈부시도록 찬란한 신록이요, 성하의 계절엔 푸르다 못해 오히려 검정색을 띤 진록이다.

이러한 신록도 자세히 들여다보면 똑같은 녹색 일변도가 아니다. 나무의 아래쪽과 위쪽이 다르고, 방향에 따라 남과 북쪽의 그것이 다르다. 햇볕이 얼굴에 부딪는 쪽은 왁스층을 이루어 윤기가 반지르하고, 그 반대편은 거칠고 껄끄럽다.

어디 그뿐이랴. 사람의 발길이 닿지 않은 심심산골의 신록과 공해에 찌든 도시 근교나 공장지대의 그것과도 사뭇 다르다. 난 마음이 울적해지면 작위적인 인간과는 달리 꾸밈없이 소박한 그 자연의 아름다움에 매료되어 곧장 지리산 계곡으로 달려갈 때가 많다. 작년 봄 살을 저미는 것 같은 해직의 가슴앓이로 내 자신을 잃었을 때도 이 계곡에서 마음을 달래고 위안을 얻었다.

지리산 가는 길은 어디든 길이 아름답게 닦여져 있어 답답한 가슴을 씻어내기에 안성맞춤이다. 달궁계곡, 뱀사골, 백무동에 펼쳐진 해맑은 신록을 보노라면 어둡고 칙칙했던 가슴이 환히 열리고 나도 몰래 신명이 난다.

공기가 맑고 깨끗하니 하늘은 청자 빛이요, 얼굴을 스치는 바람결은 산내음을 실어와 상긋하기가 이를 데 없다. 그 계곡을 흐르는 물은 또 얼마나 맑고 깨끗한지. 밑바닥이 환하게 드리워지니 공해에 찌든 우리 속물들에겐 신비로울 수밖에 없다. 여기에 마음이라도 맞는 친구가 한둘 있다면 세상에 무엇이 부러울까?

권력이 뭐고, 물욕이 뭐며, 명예가 다 뭔가. 인간의 허울을 훌훌 벗어던지고 물가에 앉아 소주 한두 잔쯤 기울이면 그건 틀림없는 불로장생주다. 모처럼 복잡한 세사를 훌훌 떨치고 벌거벗은 전라全裸가 되면 이보다 더 큰 행복은 없으리라.

얼마 전 친한 벗과 함께 백무동 계곡을 찾았다. 천왕봉을 오르려는 등산복 차림의 알피니스트 너댓 명이 등산채비를 하고 있고, 조그만 간이정류장엔 정기 여객버스가 낮잠을 길게 자고 있었다. 계곡을 흐르는 물소리만 우렁차게 들리는데 어디선가 "꾸억, 꿕" 울어대는 장끼의 울음소리가 초여름의 무료함을 달래주었다. 우린 가까운 시냇가에 자리를 잡고 세상 돌아가는 이야기도 하고, 이런 자연에 비해 우리 인간이 얼마나 하찮고 측은한 존재인가를 이야기했다.

하지만 바위에 부딪는 우렁찬 물소리가 우리들의 이야기를 삼켜 자연 속으로 파묻어 버리고 만다. 어쩌면 우리 인간은 이처럼 왜소하고 보잘것없는지 모른다. 무한한 세월이 흐르고 계절이 바뀌어도 자연은 아무런 표정도 없이 그 모습, 그 자태로 늘 우리 인간들 앞에 현신을 한다. 아무리 발버둥쳐 봐도 백년을 살지 못하는 찰나의 미물일진대 얼마나 가소로운 존재일까?

그렇다. 우린 얼마나 우스꽝스러운 짓을 하고, 얼마나 바보스런 말들을 남발하는지 모른다. 겨우 산정에 한 번 오르고서 그 산을 정복했다고 외쳐대고, 여기저기 자연을 파헤쳐 놓고서 개발했다고 떠들어대고 있으니 말이다. 사람은 땅을 밟고 하늘을 우러르며 큰소리로 떵떵거리지만 그 땅은 아무런 반응도 보이지 않고 인간의 무례한 모든 행위를 말없이 수용해 버린다. 마침내 시간이 흐르고 세월이 흐르면서 서서히 인간들을 잠식해 버린다는 엄연한 사실을 왜 깨닫지 못하는지 모르겠다.

자연은 수백 수천 년이 흘러도 묵묵히 나고 죽는 인간들을 자비로운 눈으로 쳐다보면서 선악청탁善惡淸濁을 가리지 아니하고 포용해 오고 있다. 온갖 상념이 오가는 가운데 모략과 중상의 대상이 되어 처절하게 인생을 체험했던 작년의 상흔이 아물지 않은 채 스멀스멀 되살아난다. 이利와 득得을 위해서라면 작위적인 행위를 서슴지 않는 사람들, 어쩌면 인간의 탈을 쓰고서 사실을 왜곡하고 진실을 호도하여 무고한 사람을 잔인무도하게 해칠 수 있을까.

하지만 신록은 눈부시도록 찬란하고, 자연은 말할 수 없이 아름답다. 인간들을 나무라기라도 하는 것처럼. 아름다운 자연이 맑은 초여름 바람에 실리어 우리 앞에 다가선다. 하늘은 푸르다 못해 청자 빛이다. 멀리서 들려오는 뻐꾸기 소리가 흐르는 냇물에 씻기어 흘러간다.

갑자기 톨스토이의 소설 『전쟁과 평화』의 한 장면이 퍼뜩 머리를 스치운다. 삶과 죽음이 양극에 선 치열한 전장의 포화가 머물고 무서우리만치 고요한 정적이 흐를 때, 한 병사가 풀밭에 벌렁 누워버리면서 혼자 독백을 한다. "하늘은 아직도 저렇게 푸른데……."라고.

아무리 세상이 추하고 살기가 어려워 영靈과 육肉이 말할 수 없이 오염이 되더라도 아직도 하늘은 옛날처럼 푸르르고, 정갈한 신록은 더할 나위 없이 눈이 시도록 아름답다.

참으로 아름다운 오월
온갖 꽃 피어날 때
내 가슴 속엔
사랑이 싹텄다네

참으로 눈부신 오월
모든 새들이 지저귈 때
나의 애타는 그리움을

그녀에게 고백하였네

하인리히 하이네의 아름다운 시정詩情 「참으로 눈부신 오월」의 시구가 청자 빛 지리산 하늘가에 맴돈다. 정말 5월은 눈부시도록 아름답다고.

(1990)

참 사은회

해마다 이맘때면 연례적으로 이뤄지는 사은회가 어쩐지 부자연스럽고 부담스럽다는 생각이 든다. 십수 년 전만 해도 이 행사는 한식집에서 오붓하고 조촐하게 치러졌다. 그 자리는 스승에 대한 감사함도 진솔했고, 사제간 석별의 정이 녹아내려 오히려 숙연한 분위기까지 자아냈다. 여대생들은 우아한 한복을 차려 입고 대여섯씩 무리를 지어 교수들에게 큰절로 사은師恩의 예를 깍듯이 갖추었다.

큰절을 받을 때마다 지난 4년 동안 이러한 예우를 받을 만큼 이들에게 참스승 노릇을 얼마나 했던가를 스스로 되돌아보게 된다. 그리고 때론 가슴 언저리에 잔잔한 부끄러움마저 일기도 했었다.

그들은 다양한 프로그램을 마련하여 그날만이라도 스승의 마음을 즐겁게 하려고 온갖 정성을 다했다. 그래도 혹시나 무슨 소홀함이 없었는지 세심하게 마음을 썼던 그들이 무척이나 고마웠다.

그러나 언제부터인지 이런 사은의 모임도 점차 그런 분위기와 멋이 없어져버렸다. 올해에는 아예 사은절의 의식도 사라져 버렸다. 부담스러움이 적어지고 오히려 잘된 일이라고 생각하면서도 내심 마음 한편에선 서운하다는 마음이 든다.

이따금 언론매체들은 사은회가 본래의 뜻과 성격에 벗어나는 일이 많다고 문제를 제기하기도 했다. 조촐한 자리에서 사은의 정을 나누는 게 아니고 학생의 분수에 맞지 않게 고급호텔에서 호화판 사은회를 연다는 것이다. 어쩌면 사은의 진정한 의미는 퇴색해 버리고 너무 겉치레에 치우친 나머지 사은회 본디의 아름다움이 사라져 버렸다는 게 옳다.

물질사회에서 능력에 따라 자유롭게 소비할 수 있는 그런 소비체제가 자본주의 행태라고 하지만, 이른바 '과소비' 하는 그런 풍토는 다시 한번 되돌아보아야 한다. 물질이 많으면 신분이 상승된 것처럼 착각을 하고, 외제라면 무엇이든 수백만 원이나 수천만 원을 들여 사들이는 그런 아버지, 어머니를 보면서 자녀들은 무엇을 생각할까 궁금해진다. 그들도 물질만 있으면 무엇이든 가능케 할 수 있다는 배물拜物지상주의를 그들의 부모에게서 보고 몸소 배우는 게 아닐까.

소비하는 행동양식에도 문제는 있다. 하지만 근본적인 것은 사은회라는 모임이 학위를 받고 졸업하는 학생을 위한 것인지, 아니면 4년 간 자신을 가르쳐준 스승을 위한 모임인지 가늠하기 어렵다는 데 있지 않을까 싶다. 지난날처럼 졸업생들의 감사의 정이 담긴 사은의 자리라기보다 오히려 그날이 지겨운 대학생활로부터의 해방이라는 자축의 의미는 없는지 모를 일이다.

이런 왜곡된 사회풍조는 이 나라 모든 분야의 구조적인 문제에서 비롯되었다. 대동강 물을 팔아먹었다던 현대판 봉이

김선달들도 많다. 은행돈을 자기 것인 양 마음대로 주무르고 땅 투기를 일삼아서 일확천금을 하고 땅땅거리고 사는 사람들이 유능하게 보이는 세상이다. 열심히 일하고 정직하게 행동하는 사람이 잘사는 세상이 아니다.

부정한 것이 바른 것으로 행세되는 세상인데 대학인들 제 모양을 갖출 수 있을까. 정치고, 경제고, 사회고, 문화고, 모든 것들이 이런 모양새로 4반세기를 지나 왔는데 상아탑인들 오죽하랴 싶다.

해방이 되자 친일파를 척결하기 위해 '반민특위'라는 게 조직되었지만, 대통령 스스로 정치적 입지를 굳히기 위해 그것을 해체해 버렸는데 어찌 친일역사청산이 이뤄질 수 있겠는가. 일석 이희승 선생이 지적한 것처럼 우리나라는 '낙지족'들만 판을 치는 세상이다. 세상이 어려울수록 흡사 낙지처럼 힘 있는 자에게 찰싹 달라붙어 사는 사람이 슬기롭고, 위기가 닥치면 먹물을 뿜어 스스로를 보호하는 자가 현자賢者인 세상이 되었다.

세상이 아무리 변해도 바른 것이 제대로 대접 받고 바르지 못한 것은 발붙이지 못하는 세상이어야 한다. 그래야 바르고 좋은 세상이다. 그것이 바로 정체성이다.

이러한 건전한 풍토가 우리 사회 모든 분야에 건재해야 탄탄한 세상이 된다. 정직한 사람들이 잘사는 세상이 되고, 바르지 못한 사람이 출세하여 잘사는 그런 부조리한 세상이 되어서는 안된다.

해마다 연례적으로 이뤄지는 사은회도 검소하고도 조촐하게 치러지고, 본래대로 아름답게 제자리를 찾는 새바람이 일었으면 좋겠다. 세상이 아무리 변한다 해도 사제의 정만은 퇴색되어서도 안 된다. 본래의 뜻이 전도된 그런 사은회라기보다 스승의 은혜를 한번쯤 생각해 보고 감사하는 참 사은회가 되었으면 좋겠다.

(1989)

제자로부터 온 편지

지난겨울 어느 날, 밤 9시경쯤 되었을까말까 한 시각에 전화벨이 울렸다. 전화를 받은 아내가 “옛날의 제자래요.” 하면서 수화기를 건네주었다.

“저예요, 기억하시겠어요?” “글쎄, 누굴까? 이름은 좀 익은 것 같은데…….”

이런 이야기가 오가면서 20여 년 전 교단에 첫발을 디뎠던 정읍군 정우면의 학교를 떠올렸다.

지금도 광주를 오가는 길에는 언제나 고속도로에서 그리 멀지 않은 솔숲 속의 아담한 그 학교를 바라다보면서 젊은 날의 소담스런 꿈을 되돌아본다. 나름대로의 열정을 불태웠던 그때를 생각할 때면 천진스런 학생들의 얼굴과 이름이 하나하나 떠오른다. 그렇잖아도 그들 소식이 자못 궁금해 왔던 터였으므로 무척 반가웠다.

전화를 끊고서도 잔잔히 일렁이는 그 흥분을 한동안 억제하기 어려웠다. 사실 그녀는 결혼을 하였지만, 남편의 양해를 얻어 다방을 경영한다고 했다. 아직도 일부에서는 이러한 업종에 대한 통념상의 오해를 하고 있는 형편인지라, 남편은 어느 정도 기반이 잡혔으니 모두 정리를 하고서 선생님을 만나 뵈라고 종용했다고 한다. 그러나 죽기 전에 꼭 한 번만이라도 뵙고 싶다는 말을 입버릇처럼 남편에게 이야기해 온 터라, 남편도 더 이상 만류하질 못하고 마지못해 허락했다는 것이다.

이튿날 약속한 ㅎ다방으로 나갔다. 집에서 20여 분도 채 안 되는 거리였는데 더구나 그 날은 얼굴에 와 닿는 겨울바람도 그런대로 좋았다. 20여 년 전을 거슬러 그려보면서, 그리고 많이 변했을 그 제자를 생각하면서 걸었다. 약속시간보다 한 5분쯤 뒤에 약속 장소에 다다랐다.

벌써 중년부인이 되었지만, 첫눈에 알아볼 수가 있었다. 그 동안 공부한 이야기며, 살아온 이야기, 부모님 이야기, 자녀들 이야기들이 오갔다. 동철이랑 순자, 애자, 순옥이 등이 어디서 어떻게 사는지 이것저것 궁금한 것들을 물어 보았고, 그 동안 막혔던 소식들도 알 수가 있었다.

정오가 넘자 그녀는 한사코 점심을 나누자고 했다. 하지만 유자차며, 영지차, 주스 등을 세 차례나 내놓는 바람에 시장기를 느끼지 못했다. 더구나 손님도 많은데다가 남편도 마침 바쁜 일이 생겨 동석하지 못한다 해서 이다음에 하자고 미루었다.

그리고선 여분이 있는 몇 권의 『전북문학』과 내 작품이 너댓 편이 실린 『지성知性들의 합창合唱』이란 우리 대학 교수들의 수상집隨想集을 선물하고 문밖을 나섰다. 얼굴을 스치는 쌀쌀한 겨울바람이 그다지 차갑게 느껴지지 않았다. 교직이란 그렇게 고독한 길만은 아니라는 생각에 내내 입가에 잔웃음이 감돌았다.

그렇게 헤어지고는 며칠이나 지났을까? 상봉의 그 감흥이 채 사라지지도 않은 어느 날, 그녀로부터 한 통의 편지와 자그마한 소포가 날아왔다. 소포꾸러미에는 옅은 분홍빛 와이셔츠 한 장과 아내의 핑크빛 내의가 한 벌 들어 있었고, 편지 속에는 다음과 같은 아름다운 마음이 무지개처럼 수놓여 있었다.

선생님께 올립니다.

밤이 이슥해져 화병에 꽂혀 있는 꽃마저 잠들어 버릴 것만 같은 고요한 밤입니다. 그간도 평안하신지요? 진정 오래도록 만나고 싶었던 선생님을 얼떨결에 만나 뵙고서도 그토록 쌓이고 쌓였던 말들을 온통 잊어버린 아쉬움에 젖어 있습니다. 아무런 준비도 없이 뵙고 싶었던 조급한 성미를 지닌 제가 도리어 우습게만 여겨집니다. 선생님께서는 여전히 제 인상(　　)에서 지워지지 않는 인자하신 모습과 넓은 도량의 소유자이셨음을 느낄 수 있었습니다. 그리고 허무하기만 한 삶 속에서도 한 점 부끄러움 없이 살아가시는 선생님에게서 저 역시 뭔가를 배우고 느낄 수 있었답니다. 더욱이 선생님께서 주신 수필집 속에서 선생님의 얼굴을 찾을 수 있었고, 또한 어렴풋이나마 저의 인생의 좌표도 찾을 수 있었습니다. (중략)

비록 생활에 쫓겨 살았을망정 가슴 언저리에 항상 앙금처럼 남아있는 선생님을 꼭 한 번 뵈리라 생각하였는데 정말로 선생님을 뵈온 것은 말로 형언할 수 없는 기쁨이었습니다. 그리고 제가 보낸 선물 너무나 작은 정성이지만 기쁘게 받아주셨으면 합니다. 선생님! 이제 틈을 내어 자주 찾아뵙겠습니다. 감기가 심한 요즈음 건강하시길 빕니다. 내내 안녕히 계십시오.

1987. 1. 21.

○○○ 올림

간혹 잊을 수 없는 기억을 소담하게 가꾸어 가는 일은 기쁨이요, 아름다움일 수 있다. 더구나 만나지 아니하고 가슴속 깊이 물결쳐 오는 그리움은 만남의 현실보다 훨씬 더 아름답게 채색되게 마련이다. 그리고 뜻하지 아니한 이러한 만남도 때로는 더 큰 기쁨이며 행복일 수 있다.

오늘 보내온 그의 편지는 정성스럽게 그 마음을 또박또박 옮겨 놓은 분에 넘치는 기쁨이요, 오롯한 행복이다. 20여 년 전에는 사실 내가 앉아 있는 자리나 서 있는 자리가 무엇인지 잘 알지 못했다. 그저 있었다면 젊음과 비례한 열정이었고, 사랑이었다고 해야 옳다. 오히려 어린 마음에 상처를 주지 않았을까 가끔 뒤돌아보는 나에게 이러한 만남은 기쁨이었다기보다 부끄러움이라 해야 마땅하다. 그들의 눈에 비친 것처럼 나는 인자하거나 도량이 큰 교육자는 더욱 못된다.

가끔 이런 일들을 대할 때마다 평소 쏟는 정성에 응하지 못하고 항상 내가 가는 길은 어둡고 어려우며 고독한 길이라는 얄팍한 회계심리에 젖었던 내가 얼마나 속되고 보잘것없는지 되돌아보게 된다. 그러면서 내가 걷는 이 길이 참으로 보람된 길이었음을 다시금 깨닫게 된다.

하루를 천년처럼 살아 큰 족적을 남겨야겠다고 새로운 다짐을 해본다.

(1987)

3. 나무가 고요히 있고자 하나

새들 길
거연정 가는 길
바람과 나무의 슬픔
나무가 고요히 있고자 하나
선인들의 숨결
강호의 삶
다시 봉양코자 하나
함양 가는 길
근원의 동경

새들 길

일흔이 넘은 당숙께서 '새들'에 다녀왔다는 나의 편지를 받으시고 단숨에 달려오셨다. 족형께서 내어주신 세보世譜에서 증조부와 조부를 확인하신 당숙께서는 "이제는 죽어도 선령과 후손들에게 부끄럽지 않겠구나! 참, 고맙다. 내가 하지 못한 일을 네가 해내다니……." 하시며 눈물이 글썽글썽 목이 메었다. 내일이라도 당장 '새들'에 가보자는 당숙의 성화로 이튿날 우리는 함양으로 가는 버스에 올라 옛 고향 길을 재촉하였다. 험준한 모래재를 숨 가쁘게 오르니 차창에 진눈깨비가 녹아내렸다.

우리의 고향산천은 철따라 그 아름다움을 간직하고 있지만 유달리 겨울은 한 폭의 동양화 같은 태고의 정적을 간직하고 있어 언제 보아도 좋다. 그 아름다운 산수 사이로 말끔히 포장된 도로가 이등분으로 선을 그으며 뻗어 있어서 차는 신나게 달릴 수 있었다.

얼마쯤 달렸을까? 산으로 좁혀졌던 시야가 갑자기 툭 터진다. 이른바 여기가 바로 내 고향 개안開眼들이다. 눈이 제법 내려 쌓였다. 덕유산과 지리산으로 이어지는 험준한 고개 육십령을 넘어야 할 터인데 이렇게 눈이 내리면 어떡할까 적이 걱정이 된다.

다행히도 육십령에 다다르니 눈은 예상보다 적게 내려 고갯마루를 수월하게 넘을 수 있었다. 70여 년 만에 고향 땅을 밟는 당숙부는 연방 바깥을 내다보며 옛날의 정회情懷에 상기되신 얼굴이다. 옛날 이 길은 신작로가 나기 전엔 오솔길이었는데 도둑들이 들끓어 넘기가 무서웠다는 이야기며, 구순이 가까운 당고모님이 들려주셨다는 배산임수한 '새들 마을'의 이야기를 단골메뉴처럼 늘어놓았다.

사시장철 맑은 시냇물이 정자를 감돌아 흐르는 암벽 섬 위에 세운 거연정居然亭에서 은일사림隱逸士林들이 끊이질 않던 멋진 풍류며, 마을 한가운데 고래등 같은 큰 집에서 만석지기를 했다는 고조부의 이야기는 몇 번이고 반복되지만 오늘만은 그다지 싫지 아니하였다.

두 시간쯤 지나면 서상西上을 거쳐 서하西下에 이르게 되는데 풍광 좋은 곳곳에 크고 작은 정자가 자연과 잘 어우러져 조화를 이루고 있다. 안의安義에서 버스를 내려 다시 온 길을 거슬러 얼마쯤 지나니 봉전鳳田리, 곧 새들 마을이라는 한자투의 마을 표지가 마을 어귀에 오뚝 서 있다. 세보에 의하면 14대조 사락정 철轍공께서 기묘사화를 피해서 안의현 영승리에 물러나 은일했고, 11대조 화림재 시서時敍공이 인조18년 남한산성에서 강화가 이뤄짐에 강개 비분하여 더 깊은 산중으로 은거코자 영승리에서 새들을 찾아 새 터를 잡은 것이니, 봉전鳳田보다 신평新坪이라고 해야 옳을 듯하다.

원래 이 마을은 풍수상 봉황이 막 날개를 접고 앉아 있는 형상이기 때문에 봉전鳳田이라 했다는 종중 어른의 이야기를 들어 알고 있는 터이지만, 어찌됐건 고유한 우리 이름들이 모두 한자말로 바뀌어 사라져간 것은 아쉬운 일이다. 문헌의 기록에 의하면 신라 경덕왕 때부터 지명과 관제의 명칭을 모두 한자식으로 변개했다는 기록이 보인다. 벌써 삼국시대부터 고유한 우리의 이름들이 한자식으로 옷을 갈아입기 시작했지만, 아직도 옛날 우리네 선인들이 손쉽게 부르던 토속적인 우리 이름들이 간혹 어른들의 입을 통해 그 잔영을 찾을 수 있다는 건 참 다행스런 일이다.

마을 어귀에 5대조 '효자성균생원 전세량지려孝子成均生員全世樑之閭' 라고 새겨진 비문을 감싼 아담한 정려旌閭가 국도변에 말없이 우리를 맞이하듯 고즈넉이 서 있다.

> "이 정려旌閭는 성균생원 전세량 효자정려이다. 위 전공은 어릴 때부터 효성이 지극했고 부모 봉양함이 놀라왔으며 부모가 병환에 있을 때는 근심걱정으로 밤낮없이 병상을 떠나지 않고…. 사림들이 추앙하고 나라에 천보薦報하여 고종20년 계해 10월에 포정褒旌한 것이다."

라는 안내문이 이 길을 오가는 현대인들에게 부모를 헌신적으로 공경하는 아름다운 효의 미덕을 웅변하고 있다. 아무리 물질이 숭상되고 편리만을 추구하는 세상이 되더라도 인간정신을 중시해야 한다는 그런 아름다운 전통을 알려주려는 듯이 우리 앞에 바싹 다가든다.

위로는 윗사람을 공경하며 아래로는 아랫사람을 따뜻하게 사랑할 줄 알아야 한다. 그리고 나의 주위엔 나 아닌 이웃이 있어 자기가 존재한다는 그러한 인간관계를 망각해서도 안 된다.

결코 혼자만을 위한 삶이 아니라, 이웃을 위한 삶을 생각할 줄 아는 그런 삶이 되어야 보람 있는 삶이라고 할 수 있지 않을까. 아무리 경로우대증과 같은 것을 나누어주는 그런 정책을 편다 해도 행하는 사람들의 마음가짐이 이러하지 않고서는 아무런 소용이 없다. 사람의 관계를 항렬行列을 보아 손윗사람과 아랫사람을 분별케 하고, 집안의 멀고 가까운 정도를 촌수寸數로서 알게 한 족보야말로 조선조가 낳은 아름다운 세계적인 문화유산이 아닐까 싶다.

(1984)

거연정 가는 길

지난 초파일은 마침 어버이날이어서 이틀 전에 결혼한 아우 내외와 함께 선산에 참배도 할 겸 함양 길에 올랐다. 차창에 스치는 산천의 초여름 신록이 싱그럽다. 몇 차례 오간 길이라 눈앞에 갈아드는 경물景物이 낯설진 않다. 고향길이란 언제나 포근한 정감에 싸이게 마련이어서 두 시간 남짓 되는 여행길이지만 지루한 줄 모르겠다.

몇 겹의 산모롱이와 험한 고갯길을 지나고 시냇물 따라 달리니 어느덧 '거연정居然亭'이란 푯말이 신록의 느티나무 숲속에서 얼굴을 내민다. 우리 온 식구가 여기에 온다는 전갈을 받은 족형께서 동네 어른들과 마을 어귀에서 우리를 반긴다.

작년 여름 뜻 맞는 직장의 동료 가족과 피서 겸 물놀이를 왔던 터라, 초등학교에 다니는 우리 아이들이 신기한 듯 그때의 기억을 더듬는다.

"아빠! 여기가 작년 여름에 수영할 때 뱀이 나왔던 곳이지요?"

"응. 네놈이 놀라 튜브도 팽개친 채 바위 위로 소스라치게 도망친 곳이야."

모두들 신이 나서 어쩔 줄 모른다. 덕유산에서 굽이쳐 흐르는 옥 같은 물이 벼랑에 부딪혀 하얀 물거품을 뿜으면서 용소를 이룬 바위섬 위에 아담한 정자가 자리하고 있다. 수십 길도 넘는 용소는 구름다리로 건너도록 아름답게 가꾸어져 있는 곳이다. 입구에 화림재花林齋 시서時敍공의 유적비가 이수螭首를 머리에 인 채 귀부龜趺 위에 정갈한 자태로 서 있다. 아우 내외가 신기한 듯 내 옆에 바싹 다가와서 비문을 읽고 있다

> "고려말 형조판서 채미헌採薇軒의 7세손 시서時敍는 조부가 사웅士雄인데 증직이 형조참의刑曹參議이며 아버지는 거琚 니 벼슬이 중추부사中樞府事다……. 남한산성에서 강화가 이뤄짐에 강개비분하여 안의安義 영승迎勝에서 '새들'로 옮겨와 서재를 지어 '화림재'라 이름하고 사림들과 소요자적逍遙自適하며 천추千秋에 다하지 못한 한을 풀지 못하고 78세를 일기로 세상을 마치었다. 만년에 가선대부 중추부사嘉善大夫中樞府事의 벼슬에 올랐다……."

비명이 오석에 선명하게 음각되어 선대의 행적을 웅변해 주고 있다. 18대조 채미헌採薇軒 오륜五倫공은 공민왕 때 문과에 급제하여 공양왕조에 좌우상시左右常侍를 거쳐 형조판서에 이르렀다. 고려왕조가 기울고 태조 이성계가 조선을 열자, 목은, 야은, 원천석 등 고려유신과 더불어 세상의 부귀영화를 의연히 떨치고 개성 외곽의 만수산 두문동에 은거하면서 불사이군不事二君의 충절을 지켰다. 세상에서는 이들을 두문동 72현이라 불렀다.

채미헌공은 목은과 함께 경덕궁敬德宮에 불려 나가 태조로부터 건국에 참여해 달라고 간곡한 회유를 받았으나 끝내 거절하였고, 그로 인하여 본향안치本鄕安置의 형을 받아 강원도 정선 땅으로 유배를 받았다. 그분을 따르는 김자수金自粹, 신안申晏, 이행李行, 이사경李思敬, 이수생李遂生, 고천우高天祐, 배상지裵尙志, 정희량鄭熙良 등과 강원도 정선에서 망국의 한을 나누었다고 전한다.

훗날 이들을 구정충九貞忠이라 했는데 망국의 한과 그리운 임에 대한 사랑의 한이 응어리져 오늘날 강원도 「정선아리랑」의 시원이 되었다는 것이다. 그러므로 정선 아리랑제를 지낼 때는 지금도 그 분들의 넋을 반드시 기린다고 한다.

맏아들 맹겸孟謙공이 태조로부터 합천군수를 받았지만, 벼슬길을 그만두고 산수 좋은 안의현 영승리에 터를 잡고 송죽 같은 절의를 지켜왔다. 사락정四樂亭 철撤공이 기묘사화를 피하여 이곳으로 물러나 세상을 등지고 유유자적하며 살아왔다. 훗날 퇴계 이황이 부인의 외숙부인 사락정공을 찾아와 자연처럼 소박하게 살아가는 삶을 부러워하며 농農, 상桑, 어漁, 초樵의 네 가지 즐거움을 오언시에 담아 증시贈詩하고 손수 사락정四樂亭이라는 편액을 써서 정자에 걸었는데 그 편액이 오늘날까지도 전해지고 있다.

싱그런 신록의 산 향기가 용소를 건너와 우리를 영접 한다. 구름다리를 지나 거연정에 이르니 숭정기원후 정묘유월십팔일崇禎紀元後 丁卯六月十八日(1687년 숙종13년)이란 용마루 기와문자가 중건 연대를 말해주고 있다. 거연정은 11대조 화림재 시서공이 이곳 '새들'에서 삶터를 개척하면서 땀을 씻고 바람을 쐬던 곳인데, 때론 지나는 선비들과 술 한 잔에 시 한 수를 읊조리며 한스런 마음을 달랬던 초정草亭이었다고도 전해진다.

우리 온 가족이 아우 신행길에 전주로부터 온다는 말을 듣고 온 동네 종친들이 정자에 가득 앉아 우리를 맞이한다. 아낙네들은 닭죽을 끓인다, 반찬을 장만한다 법석이고 시원한 음료와 술도 수북하게 준비되었다. 이건 흡사 마을축제다. 12촌 되는 족형이 대소간 마을 종친들에게 우리를 소개한다. "이 분은 우리 종가의 만석지기 운봉 할아버지 장손이고, 이 분은 그의 모친 되시며……."라고 장황하게 늘어놓았고, 우린 무릎이 닳도록 여러 어른들에게 큰절을 했다.

고종조 초야 유림들의 장계狀啓가 대원군을 향해 홍수처럼 쏟아져 전국이 혼미에 휩싸이자, 드디어 서원철폐령이 내려지고 채미헌 오륜공을 제향祭享했던 이 마을 서산서원도 훼철되었다. 화림재花林齋란 그 서원의 현판만 덩그렇게 남아 거연정에 걸려 있다. 구한말 을사보호조약이 맺어지자, 망국의 울분을 참지 못하여 음독 자결한 우국충절 대사헌 송병선의 찬기撰記가 여기에 걸려 있다.

언제나 조국을 걱정했던 지사들의 한 맺힌 숨결이 어디를 가나 숨쉬고 있어 세상의 영리에 눈먼 오늘의 우리들을 되돌아보게 한다. 시인, 묵객, 유림들이 끊이질 않고 서산서원과 거연정을 찾았던 그 멋스런 옛날이 모두들 객지로 떠나버린 흡사 유령 같은 오늘의 농촌과 너무 큰 대조를 이루어 쓸쓸하기만 하다.

고희古稀를 넘긴 족형으로부터 여말충신 채미헌 할아버지

이야기며, 인조조 화림재공이 임천林泉이 그윽한 이곳에 거연정을 짓고 세상을 근심했던 이야기며, 이 마을을 떠나 육십령재를 넘어야 했던 내 조부의 눈물겨운 이야기를 듣노라니 벌써 서산에 해가 기운다. 참으로 오랜만에 느껴보는 어머니 품속 같은 포근한 족친의 정에 시간 가는 줄 몰랐다.

떠나기 전, 아직도 이 마을에 남아있는 고조부의 고가를 둘러보았다. 이끼가 푸릇푸릇 낀 고색창연한 기와를 머리에 인 사랑채와 안채가 마당을 사이로 하여 뚝 떨어져 있다.

행랑과 광채가 한데 어우러져 사각을 이루고 있는 조선사대부의 전형적인 옛집이다. 뒤뜰에 울창한 오죽烏竹 밭에 스치는 바람소리가 스산하다. 먼발치에 고조부님이 지어 후세를 교육했다던 공정재恭正齋가 언제나 올바르게 살라고 엄하게 꾸짖는 것처럼 우리를 내려다보고 있다.

석양빛이 차츰 붉어질 무렵 케케묵은 고서더미에서 내어주신 채미헌실기를 들고 전주로 향했다. 다시 한번 인생은 헛되고 헛되다는 무상을 되뇌이면서 집으로 향하는 마음이 몹시 스산하다.

(1984)

바람과 나무의 슬픔

해마다 세모가 되면 아버지가 그리워진다. 아버지의 따스한 사랑을 받아보지도, 느껴보지도 못한 채 지우학志于學의 어린 나이에 아버지를 여의는 불행을 맛보았기 때문이다. 선친은 무리한 사업과 무절제한 사생활로 건강을 크게 해치게 되었고, 그로 인해 치유할 수 없는 급성간염을 앓으셨다.

지금처럼 의술이 발달했더라면 그런 정도야 얼마든 치료가 가능했겠지만, 그 때만 해도 의술이 원시적인 수준을 벗어나지 못했던 터라 어쩔 방도가 없었다. 도립병원과 예수병원도 가보고 백방으로 정성을 다해 보았지만, 별 신통한 처방이 없었다. 결국 발병 서너 달 만인 크리스마스날 밤에 운명하고 말았다.

난생처음 사람이 죽어가는 모습을 어린 눈으로 지켜보면서 죽음이란 게 무엇인지 생각해 보기도 했다. 부모의 죽음을 하늘이 무너지는 슬픔이라 하여 천붕지통天崩之痛이라 했다지만 오열하는 어머니나 누나와는 달리 왠지 나는 그렇게 슬프다거나 울음이 북받쳐 오르지도 않았다.

동네 사람들은 아버지가 돌아가시기 며칠 전에 우리 집 지붕 위로 시뻘건 불기둥이 하늘로 날아갔다고 했다. 후에 들은 이야기지만 우리 집에서 혼불이 나갔으니 초상이 날 거라고 수군거리기도 했다는 것이다.

혼불. 이 말은 최명희의 장편소설의 제목이 되기도 한, 전라도 지방에서 두루 쓰여지던 보통명사이다. 사람이 죽게 되면 혼불부터 하늘로 날아간다고 했다. 이것은 우리 지방에서 두루두루 이야기 속에 녹아나는 죽음의 상징이었다.

그러나 나는 한번도 그런 혼불이란 걸 본 적이 없다. 혼불이 우리 집 지붕에서 하늘로 날아갔다고 한 얼마 후에 정말 우리 아버지는 돌아가셨다.

그 후 우리 집은 거짓말처럼 산산이 부서졌다. 얼마 되지 않은 유산도 바람처럼 날아갔다. 그리고 40여 년이 흐른 지금, 나는 그 아버지보다 훨씬 많은 나이의 어른이 되었다.

그렇지만 해가 갈수록 자꾸만 아버지가 그립고 보고파진다. 나이가 들어가는 탓일까? 아니면 부정父情을 받아보지 못한 애정 결핍에서 오는 목마름일까?

여하튼 남의 집 애경사나 친구의 집을 방문했을 때도 내 선친과 같은 나이의 어른들을 만나면 아버지 생각이 더욱 간절해진다. 연전에 동료교수 부친의 팔순잔치에 초대받았을 때도 역시 그랬다. 따스한 부자간의 정의가 넘치는 그 분위기가 몹시 부러웠다.

나에겐 늦게나마 아버지의 두터운 사랑을 받고 싶고, 그런 부자지정을 나누고 싶은 간절한 그리움이 남아 있다. 그러나 당신의 모습은 이 세상 어디에서도 찾을 길이 없다. 심지어 나에게도 아버지가 있었던가라는 까마득한 생각에 빠질 때도 있다. 단 한 장 남아있는 빛 바랜 증명사진과 초상화 한 점만이 아버지의 실존을 대변해 줄 뿐이다.

몇 해 전이었던가. 국유림에 잠들고 계셨던 아버지를 깨워야 한다는 국토관리청의 통보를 받고 무던히 애를 써보았지만 이장을 피할 수는 없었다. 결국 30여년 만에 파묘를 했다.

내 앞에 현신했던 아버지의 유골을 보는 순간, 나는 그 때 실존의 의미가 주는 묘한 감흥에 사로잡혔다. 황옥같이 윤기가 흐르는 유골, 어디 하나 흠 없이 그대로 누워 계신 그 모습을 본 당숙 어른은 옛날 같으면 '김이 나간 자리' 였다고 할 만한 명당자리였다고 했다.

나이가 들고 해가 갈수록 멋있게 사셨던 아버지가 그리워진다. 지금쯤 살아 계셨더라면 등산이며, 낚시며, 당신이 그렇게 좋아하시던 천렵이나 사냥도 함께 다니면서 두터운 부자간의 정을 나누었을 거라는 생각으로 더욱 아쉬움이 절절해진다.

자식을 낳아 기르고 가르치면서 부모의 자식사랑을 어렴풋이나마 알게 되고, 세사에 철이 들 무렵이면 부모는 우리 곁에서 기다려 주지 않는다는 걸 깨닫는다. 뒤늦게야 부모의 은혜를 깨닫고 잘 모시려 해도 기다려주지 않는다던 고어皐魚의 '바람과 나무의 슬픔' 으로 압축되어 우리를 경계하고 있다.

이 슬픔은 비단 고어만의 슬픔이요, 탄식이 아니다. 오늘을 살아가는 이 시대 우리들의 탄식이요, 슬픔이다. 아무리 쫓기며 산다 해도 다시금 우리 주위를 돌아보는 여유를 가져야 한다.

살아생전 외롭게 살아가는 우리 부모들을 생각하고 보살펴

드리는 마음의 여유를 가져보자. 돌아가신 뒤에야 고어의 풍수지비風樹之悲를 곱씹는 우愚를 범하지 않기 위해서.

(1998)

나무가 고요히 있고자 하나

내가 사는 집을 지어 이사 온 지도 벌써 15여 년이 넘는다. 처음 집을 지을 때는 너무 높게 짓는다고 옆집에서 진정을 하는 바람에 여간 곤혹스럽지 않았다. 내 집터는 옛날 천변의 둑이었던 모양으로 다른 지대보다 높은 탓에 지금도 다른 집들보다 약간 높게 자리하고 있다.

이 마을은 '떡전거리'라는 원명이 지금도 통용되는 곳이다. 옛날 한양 길을 떠날 때 북문을 나서서 '숲정이'를 지나 이곳에 이르면 떡 몇 개와 막걸리 한두 잔으로 허기를 채우고 잠시 쉬었던 곳이어서 붙여진 이름이라고 한다.

이사할 때 엄지만한 감나무를 심었던 게 벌써 거목이 되었고, 젖먹이였던 아이들이 어른마냥 키가 자랐으니 무상한 세월을 절감하기도 한다. 처음 진정을 했던 이 마을 사람들과도 지금은 이웃하며 살아가고 있다.

그리 친하게 지내고 있는 편은 아니어도, 크고 작은 애경사가 있을 땐 안팎이 서로 내왕하면서 지낸다. 옆집에 사는 김씨네 어머니와 우리 어머니는 형, 아우하면서 하루만 걸러도 살 수 없는 것처럼 정을 나누며 살아왔다.

내가 퇴근길에는 으레 그분 댁이나 우리 집 대문 앞에 앉아서 두 분이 도란도란 얘기를 나누는 장면을 늘상 접할 수가 있었다. 얼마 전에도 이층에 어린애들 방을 예쁘게 꾸며놓았다고 찬사를 늘어놓았었지만, 이제는 다시 그 분을 대할 수가 없다. 지병인 천식을 치유하지 못하고 이 해를 다 넘기시지도 못한 채 저 세상으로 떠났기 때문이다.

다시는 우리 어머니와 퇴근길에서 볼 수 있었던 그런 정겨운 광경을 만날 수도 없고, 일요일이면 한복을 정갈하게 차려입고 성당에 나가시는 그런 모습도 대할 수가 없다. 일흔이 넘어 여든을 바라보는 연세였는데도 비교적 까랑까랑한 건강미를 보였던 그분은 가끔 지병인 천식이 도지기라도 하면 집안이 뒤숭숭 술렁이기도 했는데, 그럴 때면 으레 우리 어머니가 달려가기도 하였다. 그러다가도 씻은 듯이 나아 다시 건강하게 활동하시는 날이 많았다.

돌아가기 사흘 전에도 꼭 그런 증세여서 곧 호전되겠거니 하였는데 어느 토요일 오후, 세상이 무너지듯 오열하는 곡성이 기어이 담을 넘어오고야 말았다. 공교롭게도 그 날은 집수리를 하는 중이라 보일러를 손보기로 되어 있는 날이었지만, 옆집 할머니가 돌아가셨는데 이웃에서 뚝딱거릴 수도 없어서 출상한 뒤에 하자고 미뤄두었다.

그리곤 곧바로 그 댁에 가서 김씨를 위로하고 우선 손님을 맞이할 수 있도록 담 옆 길가와 집 슬래브 위에 대형 차일을 치는데 손을 거들었다. 일하는 중에도 어느 모퉁이에선가 귀익은 그 할머니의 차랑차랑한 목소리가 들리는 것 같아 몇 번이고 나도 모르게 두리번거리기도 했으니 육친을 잃은 김씨와 그 가족들은 오죽하랴 싶었다.

ㄱ 씨는 요즘 세상에 보기 드문 효자라고 동네사람들의 칭송이 자자할 뿐만 아니라, 그 집 내막을 잘 아는 우리 어머니께서도 가끔 ㄱ씨의 효행 에피소드를 들려주어 달리 보아온 사람이다. 그분은 아들딸을 다 키운 집안의 가장임과 동시에 사회의 건실한 일꾼이었지만, 그 할머니의 눈에는 늘 어린애처럼 보여 걱정을 많이 하였다고 한다. 술을 많이 먹는다는 둥, 몸이 약하다는 둥 걱정이 참 많은 분이었다는 것이다. 이러한 부모의 정은 양洋의 동서나 시時의 고금을 막론하고 공통적이었나 보다.

술을 즐기는 ㄱ씨는 술을 마시다 보면 과음할 때가 많았는데 그때마다 어머니의 걱정을 듣는 경우가 많았다고 한다. 하지만 언제나 집에 돌아오면 으레 어머니 방에 들러 인사를 게을리하는 법이 없이 정성定省의 도를 다하였다. 특히 그가 과음했을 때는 걱정을 드리지 않기 위해 비틀거리는 자세를 가다듬고 부동자세로 선 채 조금도 취하지 않았다고 응석(?)을 부리곤 했다니 요즘 같은 세상에 보기 드문 효자가 아닐 수 없다.

그가 그토록 효성을 다했던 그 할머니가 이 가을이 다가기도 전에 이 세상과 영결하고 말았다. 이제 나의 시각의 어디에서도 옆집 할머니의 인자한 모습은 대할 길이 없다. 해가 갈수록 허무한 무상감에 빠져드는 건 웬일일까?

누구나 언젠가는 한번쯤 맞이할 수밖에 없는 필연성과 불가피성에 대한 무력감 때문일지 모른다. 자신의 불효를 토하듯 오열하는 ㄱ씨의 곡성을 들으면서 살아 계실 때 부모님께 효도해야 한다는 일상적이고도 관념적인 생각을 되뇌어 본다.

(1989)

선인들의 숨결

나는 평소 존재하는 것과 존재하지 않는 것에 대한 강한 의문과 회의를 가져왔다. 도대체 살아 존재한다는 것의 한계는 어디까지인가라고. 작년 가을 경남 안의에서 시제時祭를 마치고 돌아오는 길에 당숙부의 권유로 고향에 들러 할아버지 산소에 성묘하러 갔을 때였다.

바로 인근 밭에서 땀을 흘리며 일하던 한 늙은 부부가 우리에게 다가오더니 당신네들은 누구냐고 했다. 이내 내가 고인의 손자였다는 사실을 안 그들은 깜짝 놀라 반가워하였다. 그분들은 나의 선친과 조부까지도 아주 친숙한 사이였다고 몇 번이나 힘주어 말했고, 나에게 어쩌면 증조부와 키며 얼굴이 그렇게도 닮았느냐고 스스로 신기해 하셨다.

그 때 나는 고조부 서재인 공정재恭正齋 벽에서 떼어낸 증조부의 유묵遺墨을 가지고 온 터라, 뜻밖에 시공時空을 초월한 것 같은 기분으로 한동안 깊은 감회에 빠져들었다. 그러므로 시간을 거꾸로 돌려 살고 있는 것처럼 이것저것 궁금한 것을 물어보았고, 이내 한번도 본 적이 없는 증조부의 모습을 그릴 수가 있었다. 늘 의관이 정갈하신데다가 키가 훤칠하고 하얀 구레나룻 수염이 더부룩이 많아 후덕하게 보였을 뿐더러 어려운 사람을 보면 그냥 지나치질 않았다고 한다.

이야기를 듣노라니 벌써 막차 시간이 가까워져서 다시 찾아뵙겠노라고 정중히 인사를 드린 후 아쉬움을 안은 채 귀로에 올랐다. 그 분이 손수 쓰신 '세연어탄묵 팽다학피연洗硯魚呑墨烹茶鶴避煙'이란 유묵遺墨을 다시금 매만졌다. 얼굴도 이름도 몰랐던 먼 후손의 손에 유묵으로 쥐어져서 아직도 살아남아 그 분의 진한 숨결을 느낄 수 있으니 참으로 신비로운 일이 아닐 수 없다. 현손玄孫은 옛일을 회상하는데 그분은 지금 어디에 계신다는 걸까? 그래서 반야바라밀다심경에선 색色은 공空이요, 공空은 색色이라는 아이러니한 철리哲理로 만물의 실체를 규명하였던가 보다.

지금은 정성스레 액자로 만들어서 소중하게 안방에 걸어두고 늘 그분을 대하는 기분으로 보고 또 보며 실존의 의미를 더듬어본다. 그러나 이러기를 얼마를 거듭하였는데도 좀처럼 작자의 의도가 무엇인지 통 잡히질 않았다. '벼루를 씻으니 고기가 먹을 핥고, 차를 끓이니 학이 연기를 피하더라'라는 직역 정도로는 도무지 작자의 심중을 헤아릴 수가 없다.

방을 드나들 때마다 되뇌어 보지만 결과는 역시 마찬가지여서 그 뜻이 가슴에 와 닿질 않았다. '독서백편의자현讀書百遍義自見'이라 했으니 며칠 몇 달이라도 백번, 천번 되뇌어 보겠다던 어떤 날, 역성혁명易姓革命 후 태조에 의해 본향안치本鄕安置된 채미헌 할아버지가 떠올랐다. 500여 년을 환로宦路에 나가지 않고 처사處士처럼 살아오신 선대 할아버지의 은둔생활과 접맥이 되었다. 사실 나의 선조들은 임천林泉이 그윽한 곳에 새로이 터를 잡고 대대로 글 쓰고 읊조리며 세상과 무관하게 바람처럼 물처럼 그렇게 살아왔다. 가끔 과거에도 나아가 급제한 이들도 적지 않았지만, 끝내 벼슬길에 오른 이가 없는 터이고 보면 그 시구와 전혀 무관하지 않다는 생각에 이를 수 있었다.

서거정의 쌍계재기雙溪齋記에 "사군자士君子가 이 세상을 살아감에 있어 하나의 세계는 출出이요, 다른 하나는 처處이다. 놓여진 처지가 서로 같지 않으므로 그 중 좋아하는 바 또한 같지 않다."고 한 바와 같이 우리 선조들은 세상에 출出하여 영달하는 것보다 자연에 처處하여 사는 길이 옳은 도道라는 재도적載道的인 관념 속에 누대를 살아온 분들이다. 이러한 생각에 머물고 보면 증조부의 유묵은 선조들의 생활 철학이 담긴 시구였다는 것에 자연히 이르게 되고 어렴풋이나마 작중의 도에 접근할 수가 있다.

그러므로 이 유묵은 세상에 나가지 않고 초야에 묻혀버린 은자나 처사의 생활의 편린을 그려낸 것이라는 것에 쉽게 이른다. 옛날 송나라 임포가 매처학자梅妻鶴子하며 은거지인 서호 고산에서 여생을 보냈다는 처지와 같다는 생각에 머물다 보면 이 시구는 저절로 쉽게 풀려지고 만다.

은자隱者가 글을 쓰고 난 뒤, 시냇물에 벼루를 씻으면 먹물이 퍼지게 되고, 그것이 먹이인 줄 아는 물고기들이 떼를 지어 모여드는 한가로운 정경이 펼쳐진다. 다른 한쪽에선 동자가 부채를 부치며 차를 끓이니 한 줄기 뽀얀 연기가 하늘로 오르는 장면은 영락없는 한 폭의 동양화다. 그러면 하늘에서 은자와 함께 살던 학이 이 무슨 더러운 속세인가 싶어 날아가

버리는 이런 회화적인 작시법은 멋스런 한시의 전통적 기법이다. 이 지나치리만치 동양선비들의 결벽성이 학으로 대변되어 노정된 이 시구는 송나라 초 위야魏野가 유대중俞大中 집의 벽에 써 걸어놓은 5언 고시의 구절 중의 하나다.

달인은 벼슬을 가벼이 여겨 達人輕祿位
임천에 거처하며 살아가네 居處傍林泉
벼루를 씻으니 물고기가 모여들고 洗硯魚呑墨
차를 달이니 학이 연기를 피해 가네 烹茶鶴避煙
한가로운 중에 태평성대를 노래하니 閒惟歐聖代
늙더라도 흐르는 세월을 한하지 않네 老不恨流年
한가로이 오는 사람 가만히 생각하니 靜想閒來者
아마 내가 가장 한가로울 것 같도다 還應我最偏

우리네 선인들은 사람이 걸어야 할 도를 지키며 세상을 살아왔다. 아무리 어렵고 힘들더라도 쉽사리 불의에 야합하지 않고 참으로 고고한 기품을 지키며 선비의 길을 걸었다. 약삭빠르게 이해득실을 셈하며 사람을 사귀고 세상을 살아가는 우리네가 얼마나 우매하고 부끄러운지 모른다. 현실의 영화와 복록福祿이 우리를 유혹하더라도 길이 아니면 끝내 걷지 않았던 올곧은 우리네 선조들의 얼을 재음미하고 싶다. 다시 한번 증조부의 묵향 속에서 사람답게 살아야 한다는 그분의 깊은 숨결을 느끼어 본다. 영원히 살아 존재한다는 것은 있을 수 있다는 가능성을 생각하면서.

(1986)

강호의 삶

언젠가 일간지에 바닷물고기 회膾에도 기생충이 있다는 논문요지를 소개한 글을 본 일이 있다. 그러나 그러한 기생충은 간이 아닌 장에 기생하는 것이기 때문에 구충에 큰 어려움이 없고 건강에도 큰 지장이 없다고 한다.

시냇가에 나가 신선한 피라미나 불거지가 낚시에 걸려들면 물고기 회의 독특한 맛에 그 미련을 버리지 못하고 군침을 삼킬 때가 있다. 사실 회 중에서는 이 물고기회를 따를 만한 것이 없다. 횟감마다 그 특유의 맛이 없는 바는 아니지만 뭐니 뭐니 해도 이 민물고기회의 맛을 능가하지는 못한다. 하지만 민물고기는 거의 간디스토마의 중간숙주이기 때문에 그 위험을 무릅쓰고 회를 쳐서 먹기가 어렵다.

한 서너 해 전이었을까? 고향에 들렀을 때 맑은 시냇가에서 잡은 피라미며 쏘가리 등을 맛있게 회를 쳐서 소주와 함께 권하는 그 소박한 족형의 호의를 차마 떨칠 수가 없었다. 머릿속에 조여 오는 간디스토마의 위협을 무릅쓰고 난 정말 오랜만에 민물고기회를 즐겼다. 내가 어릴 적 시골에서 여울낚시를 즐기면서 펄펄 뛰는 깨끗한 물고기를 회쳐서 먹었던 바로 그 맛이었다.

그러나 그 때 물고기회를 안주 삼아 즐겼던 그 일이 탈이 나리라고는 믿지 않았고, 더구나 내몸 속에서 간디스토마가 나와 함께 기생하리라고는 상상도 하지 못했다. 작년 봄으로 기억된다. 왠지 모르게 몸이 나른하고 매사가 권태롭고 짜증만 났다.

하도 병원 출입이 잦았던 나였기에 되도록이면 병원에 가지 않아야겠다고 건강에 신경을 써왔지만, 아내가 자꾸 권하는 바람에 시내 ㅂ내과에 들러 진료를 했다. 간단한 진단과 검사 등 몇 가지를 해보았지만, 모두 정상이라고 하였다. 그래도 믿기지 않아 난생 해본 적이 없는 간디스토마검사를 해보자고 자청하였다.

그 이튿날 그 병원으로부터 전화가 걸려왔다.

“선배님 3,500마리나 나왔습니다.”

“뭐요? 3,500마리라니?…”

기가 막혔다. 기겁을 한 나머지 나도 모르게 비명을 질렀다. 그도 나의 이런 반응에 놀랐는지, “그 정도는 양호한 편입니다. 많이 나오는 사람은 몇 만 마리를 헤아립니다.”라고 위로를 하였다. 이 말을 듣고서야 좀 안심을 하고 그가 시키는 대로 곧바로 병원으로 달려갔다. 3회 하루 분 약 처방을 받았다. 지시한 대로 복용하였는데 웬일인지 온 세상이 노랗고 정신이 아뜩했다. 유럽에서 가축들에게나 먹이는 구충제라니 더 기가 찰 노릇이다.

이 일이 일어난 뒤로는 무슨 물고기회가 되었든지 지레 겁을 집어먹고 될 수 있으면 이를 꺼리는 습성이 생겼다. 평소 친하게 지내는 생물학과 ㄱ교수에게 간디스토마에 관하여 물어 보았더니 아무리 깊은 산골짜기라 해도 요즘은 거의 다 오염되어 물고기회는 위험하다고 한다.

디스토마는 물고기나 다슬기가 중간숙주가 되는데 주로 고기비늘이나 아가미에 많이 기생한다는 것이다. 한번 우리 몸에 들어가면 적어도 10년 이상을 사는데 이를 스스로 이기지 못하면 간장비대나 간 조직 파괴, 또는 복수가 차서 생명까지 잃는 경우가 많다고 한다.

이 기생벌레는 긴 나뭇잎 모양으로 몸은 편평하고 길이는 6~20mm, 나비는 2~5mm인데 구흡반口吸盤이어서 몸의 양분을 입으로 빨며, 복흡반腹吸盤으로 기생하는데 알에서 깬 유충이 우렁이나 민물고기에 기생한다고 한다.

사실 물고기회 가운데 민물고기회 맛을 따를 만한 게 없다. 바닷물고기회로는 이 맛보다 못하지만 그 맛이 상당히 비슷한 것이 제주도에서 나는 자리회(돔의 일종)라고 한다.

우리 선조들도 시냇가에서 낚시나 그물로 잡은 물고기를 회나 매운탕으로 즐겼음을 우리 옛 시에서도 많이 발견할 수 있다.

부어회鮒膾 초미初味에 눌어생치訥魚 生雉 섞어 구워
빛빛이 드리거든 와준瓦樽에 백주白酒를
박잔의 가득 부어 한 잔 또 한 잔
취도록 먹은 후에 도화桃花는 홍우紅雨되어
취면醉面에 뿌리는데

—「노계가」

세백사細白絲 저 그물을 여울여울 던져두니
은린옥척銀鱗玉尺이 코코마다 매쳤거늘
자나 굵으나 다 주어 따내어
잔고기 솟고치고 굵은 고기 회를 쳐서

—「환산별곡」

「노계가」에서는 붕어회를 맛보고 눌어와 생꿩을 섞어 구워서 소주를 즐기는 멋을 노래하고 있다. 취한 벌건 얼굴에 복숭아 꽃잎이 꽃비처럼 내리는 모습은 한 폭의 선경仙境을 담은 동양화를 연상케 한다.

디스토마의 위협 때문에 맛볼 수가 없지만 붕어회 역시 별미 중의 별미라고 한다. 그래서 진짜 미식가들은 이런 맛을 즐기고 그 지독한 구충제를 먹고 건강을 유지한다니 그들의 식도락이 부럽다.

또 퇴계가 지었다는 「환산별곡」은 어탕魚湯과 생물고기회의 미각을 동시에 보여준다. 그물에 걸린 고기들 중에 작은 것들은 탕을 끓여서 밥반찬이나 술안주를 삼고, 굵은 고기는 회를 쳐서 술 마시며 자연처럼 살아가는 은사의 멋을 그림처럼 그리고 있다.

청징한 자연 속에 더불어 살았던 우리네 선인들이 오늘날 우리들처럼 오염으로 걱정하는 이런 간디스토마의 공포를 느꼈을 리가 없다. 그런 자연과 더불어 순종하며 살았던 선인들이 한없이 부러워진다.

우리네 선인들은 인간은 어차피 자연의 일브일 수밖에 없다는 인식을 했고, 자연과 하나가 되는 물아일체만이 진락眞樂이라했다. 그러기 때문에 자연과 더불어 살아가는 삶이 무리없는 인생의 순리임을 몸소 터득하면서 바람처럼 맑디맑은 강호의 삶을 즐겼는지도 모른다.

(1988)

다시 봉양코자 하나

때 아닌 겨울비가 봄비처럼 추적추적 내리는 날이다. 봄안개처럼 드리워진 운무에 모악산이 가려 원근이 뚜렷한 산수화 폭 같은 아름다운 산야가 창 밖에 펼쳐져 있다. 아침 밥상머리에서 "오늘이 벌써 네 아버지가 돌아가신 지 서른두 돌이 되는구나. 그 땐 천지가 아뜩하고 꼭 죽을 것만 같았는데 참 오래도 살았다."라며 한숨을 내리쉬는 어머니를 보고야 오늘이 돌아가신 아버지의 제일祭日임을 알았다. 순간 얼굴이 화끈 달아오르고 자식은 언제나 불효자라는 생각으로 부끄러움이 밀물처럼 밀려들었다.

나의 고향은 산수가 좋은 장계長溪다. 아버지와 그 윗대 할아버지들은 여말麗末과 조선건국의 소용돌이에 회절回節치 않아 태조에 의해 본향안치령本鄉安置令을 받은 이후 줄곧 5~ 6백 년을 강원도 정선 골짜기와 같은 경남 거창과 안의에 묻혀 살아왔다. 증조부와 할아버지께서 육십령 고개를 넘었다 하니 전라도로 넘어온 것은 한 70년 정도가 된다.

11대나 넘게 종가택으로 수천 석 재산을 가졌다지만, 같은 집안간 알력과 반목으로 결국 그 모든 걸 다 버리고 300여

년도 넘게 살아 왔던 정든 '새들'을 떠나 전라도로 왔다는 사실을 안 것도 얼마 전 일이다.

그러니 지금 생각해 보아도 물질을 탐하지 않았던 할아버지의 고귀한 품격에 머리가 숙여진다. 손에 흙을 묻히지도 않았던 할아버지는 손에 익지 않은 논밭일을 하면서 가끔 '좋은 전답 다 버리고 어린 며늘아기 고생만 시킨다.'는 자조적인 한탄을 가끔 늘어놓을 때도 있었다고 한다. 아버지는 논밭일보다는 사업에 천부적인 재능이 많다고들 했는데 정말이지 내가 초등학교에 다니던 시절, 가끔씩 아버지가 돌아오실 때에는 아랫목에 돈이 수북이 쌓일 때가 많았다.

뒤에 안 사실이지만 아버지 친구 중에 ㅂ씨라는 분이 있었다. 그분이 끼니를 감당하지 못하고 있을 때 할아버지는 알게 모르게 쌀가마니를 주어서 크게 도와주셨기 때문에, ㅂ씨는 늘 잊지 못한다고 입버릇처럼 말했다고 한다. 그러한 ㅂ씨가 아버지 사업이 잘되고 상당한 돈도 모으게 되는 걸 보고 아버지를 유혹하여 도박판에 끌어들여서 재산을 탕진케 했다고 한다. 그리하여 잘 지은 큰 집은 말할 것도 없으려니와 전답이며 세간까지 모두 다 날렸다. 결국 그 집과는 자연히 반목反目하게 되고, 교통交通이 없었다는 사실을 어린 나였지만 알고 있었다.

그 후 다시 사업을 일으키고 웬만큼 살 수 있는 기반이 잡혔다. 1950년대는 전란 이후여서 의식주의 기본생활을 위협받고 거개가 어렵게 사는 터였다. 다들 바지저고리를 입고 학교를 다녔지만 나만은 멋진 양복을 입어 그런대로 동네 아이들이 부자라고 부러워했었다. 하얀 밀가루에 소다를 넣고 반죽하여 솥에 쪄낸 김이 무럭무럭 나는 빵을 숭덩숭덩 썰어서 그걸 들고 밖에 나가면 동네 아이들이 우르르 모여들었다. 그리고 그걸 달라는 아이들에게 조금씩 나눠주면 모두들 "너의 집은 부자야." "참 좋겠다."라고 부러워하였다. 그 땐 그 말이 왜 그처럼 듣기 싫었는지 모른다. 그러던 어느 날 우리 집안에 거짓말처럼 막아낼 수 없는 폭풍우가 몰아닥쳤다.

그 때는 내가 6학년 때의 일이니 열서너 살쯤이었다고 기억된다. 아버지는 무리한 사업 일에 서너 달 전부터 간이 나빠 고생하다가 전주도립병원에서 찍은 엑스레이에는 한쪽 가슴뼈가 보이지 않을 정도로 간이 부어 있었다. 입원을 했지만 아무런 효험이 없어 결국 퇴원을 종용받고 되돌아설 수밖에 없었다고 한다.

지금 전주고등학교에 전주북중학교도 같이 있었는데 돌아오는 길에 성황당 마루에 앉아 "아들만은 북중학교를 보내서 큰 사람 되게 가르치려 했는데…."라며 통곡했다는 말씀을 가끔 눈물지으면서 어머니가 들려주시곤 했었다.

집으로 온 후부터는 좋다는 약은 무엇이건 다 마련하여 써 보았지만 아무런 효험도 없고 병세는 오히려 더 악화되어 갔었다. 측백나무 열매가 좋다고 하여 어린 누나와 나는 학교의 울타리며 면사무소 울타리를 돌아다니며 그 열매를 따러 이곳 저곳을 다 뒤적였고, 온 식구가 하나가 되어 정성을 다 쏟았지만 정말 아무런 소용이 없었다. 그 해 크리스마스날이 조용히 다가왔고, 눈이 내리던 그 날 밤 아버지는 이 세상과 영결하는 최후의 순간을 맞았다.

그 날은 방안에서도 들을 수 있을 만큼 함박눈이 쏟아지고 눈 내리는 소리가 사락사락 들리는 듯한 밤이었는데 아버지는 그 큰 눈망울을 굴리며 내 손과 어머니 손을 꼬옥 쥐고 아무 말씀도 못하셨다. 조금씩 눈망울의 초점이 흐려지고 호흡도 고르지 못하였다. 때로는 크게, 때로는 길게, 그리고는 점점 느리게 숨이 이어졌다간 끊기고, 끊겼다간 다시 이어지곤 하다가 자정이 훨씬 지나서야 운명을 하였다.

그러나 열서너 살의 나이가 되었는데도, 예측할 수 없는 불행한 앞날이 열리는데도 슬픔을 느낄 수가 없었고 어머니 따라, 누나 따라 그저 울기만 하였다. 지금도 그 때의 일을 되돌아보면 부끄러워 스스로 얼굴을 붉힐 때가 있다. 나는 그 때 아버지 머리맡에 놓인 아버지의 손 시계에 대한 관심이 오히려 아버지의 죽음보다 더 가슴속에 자리하고 있었다. 정말이지 잔자크 루소가 말한 바와 같이 50대는 탐욕貪慾에 흔들리고, 40대는 야심野心에, 30대는 쾌락快樂에, 20대는 연인戀人에, 10대는 과자에 흔들리는 철없는 인간일 수밖에 없다는 서글픔이 밀려든다.

해마다 이맘때가 오면 돌아가신 아버지가 그리워진다. 그때처럼 눈이라도 펑펑 쏟아지는 날이면 돌아가신 아버지의 임종이 떠올려지고 말할 수 없는 부끄러움에 빠져버린다. 그리고 고어皐魚가 공자孔子에게 말한 세 가지 슬픔 가운데 그 하나가 가슴 속을 헤집고 들어온다.

'나무가 고요히 있고자 하나 바람이 그치질 아니하고, 자식이 부모를 봉양하고자 하나 부모는 기다려주지 아니하는구나! 흘러가 버린 해年를 다시 좇을 수 없고 돌아가신 부모를 다시 뵈올 수 없으니 안타깝다는….

(1987)

함양 가는 길

지난달 문중의 일로 어머니와 함께 고향으로 가는 버스에 올랐다. 언제나 고향 길은 동심에 젖게 마련이어서 가슴이 이상하게 저려온다. 차창 밖에 보이는 경치가 멀리서 가까이서 스치고 지나가지만, 언제나 한결같은 산하라는 생각은 예나 지금이나 다를 바 없다.

내 고향은 두메산골이다. 산수가 수려하고 인심이 좋을뿐더러 내 어릴 적 소담한 꿈이 서려있는 곳이다. 맑은 시냇물이 깎아지른 벼랑에 우렁차게 부딪쳐 이룬 소沼가 동정호洞庭湖 같다던 동정루의 누각을 지나면 전주에서 시작된 가파른 고갯길과 수십 겹의 산모롱이 길이 끝나고 시야가 갑자기 넓어져 확 트인 평원이 나온다.

아스팔트가 깔리기 전에도 이곳의 길은 포장한 것처럼 길이 좋기로 이름나 있었다. 원래 옥 같은 시냇물이 사시절을 두고 흐르기 때문에 벽계碧溪라 이름 했는데, 일급 국도가 십자로 지나고 있어 시골치고는 꽤나 교통이 편리한 곳이다.

수주樹州 변영로가 양귀비꽃보다 더 붉다는 주논개의 의혼義魂이 낳아 자란 생가가 여기서 한 시오 리쯤 되는 소백산맥

줄기의 산촌에 있다. 그곳을 오른쪽으로 하고 한 오 리쯤 오르면 60명을 채워야 함께 넘을 수 있다는 험준한 육십령재가 병풍처럼 펼쳐져 있는데, 이 재를 넘으면 바로 경상남도 함양 땅이다.

그러므로 여기 육십령을 경계로 좌우가 각기 전라, 경상의 방언이 교차되는 곳이기도 하려니와 풍속도 나제羅濟가 혼합되는 곳이다. 현조부님이 함양에서 성균관 생원을 지내셨으나, 할아버지 때 집안 대소간 알력으로 새들鳳田을 떠나 육십령을 넘어 이곳에 정착하였다.

우리 성씨는 백제 다루왕 때 승상공 호익虎翼을 시조로 모시는데 7세손 전법판서 선愃공이 신라 때 처음으로 정선군에 봉해졌다. 그의 후손 채미헌 오륜공이 고려 공양왕 때 전법판서를 지냈으나 이태조가 개국하자 개성 만수산에 은둔하였다.

그 후 강원도 정선에 본향 안치되자, 백이와 숙제처럼 고사리를 꺾어 먹으며 살았으므로 사람들이 채미헌採薇軒이라 이름 했다고 한다. 그 때 뜻을 같이한 일곱 선비들이 살았던 마을을 '거칠현동居七賢洞'이라 하고 이들이 「정선아리랑」의 원조가 되었다고 전한다. 이들 후손들이 강원도 정선과 경남 합천에 은거했고, 600여 년 간이나 경남 합천과 함양, 거창 등에 흩어져 살아 왔다.

우리 선대는 함양 서하면 새들에서 터를 잡고 서원을 세워 후진을 양성하면서 살아왔는데, 지금도 거기엔 음풍농월하던 선인들의 풍류를 느낄 것만 같은 거연정과 군자정이 널따란 반석 위에 우뚝 서 있다. 이 길을 한번이라도 다녀본 분이라면 바위에 부딪혀 흐르는 옥 같은 물에 발을 담그고 쉬고픈 마음을 가졌으리라.

우리 모자의 이 겨울여행은 증조부의 참봉 교지를 들고 2대 이상 누락되었을 우리들 이름을 세보世譜에 올리기 위한 나들이다. 세보의 일로 가끔씩 함양에서 단자單子를 받으러 고향에 들르는 할아버지가 계셨다고는 하나, 고향을 떠나온 우리들에게는 애시당초 연락과는 무관한 일일 수밖에 없었다. 설사 연락되었다 하더라도 워낙 곤하게 살아가는 우리들에게는 아무런 가치를 느낄 수가 없었을 것이다.

더구나 문화가 다른 현대의 젊은이들에겐 조상의 뿌리를 찾는다는 일 자체가 얼마나 부자연스러운 일일까. 까맣게 잊고 살던 내가 막연하게나마 혈연에 대한 애정을 느끼게 되고 흥미를 가지게 된 것은 그리 오랜 일이 아니다.

어느덧 버스는 육십령재를 숨 가쁘게 오르고 있다. 길 왼편으로 일제 때 동양 최대의 수연광이었다는 광산이 눈부신 하얀 차돌더미 속에 묻혀 있다. 여기가 속리산, 덕유산, 지리산으로 이어지는 소백산맥 등줄기다. 이 재에서 한 걸음 성큼 동으로 내디디면 경상남도가 된다. 급경사의 내리막길을 단숨에 내려가니 바위도 많고 물도 많은 시냇물이 길 오른편에 우렁차게 감돌고 풍광 좋은 곳엔 아담한 정자가 여기저기에 자리하고 있다.

참으로 우리 선인들은 어쩌면 그렇게도 자연의 조건에 알맞게 선線과 면面을 저리도 잘 조화롭게 처리했을까 감탄을 금할 길이 없다. 현대식 불도저의 요란한 굉음도 초인적인 힘도 필요 없다. 평탄하면 그런대로 좋고 울뚝불뚝한 바위도 그런대로 좋다. 기둥의 짧고 긴 것으로 얼마든지 조절하여 자연에 조화된 정자를 얼마든 지을 수 있기 때문이다.

그렇게 아름다운 정경에 눈길을 쏟다가 노송을 머리에 인 큰 정자와 이를 감돌아 흐르는 초록빛 시냇물에 눈길이 멎었다. 여기가 작년 여름, 아이들 성화에 못 이겨 동료가족 너댓 명이 천렵을 했던 동호정東湖亭이었기 때문이었다.

이곳을 지나 얼마쯤 갔을까, 이젠 길 왼쪽에 수없이 많은 둥글고 큰 바위들을 감돌아 흐르는 시냇가 널따란 반석 위에 정자 하나가 푸른 솔밭을 배경으로 의연하게 서 있다. 바로 여기가 농월정弄月亭이란다. 야릇한 감회에 젖어 옛날을 그리는데 벌써 함양 땅 안의라고 급하게 다그치는 여차장의 목소리에 놀라 성급하게 버스에서 내렸다. 다시 시내버스를 타고 온 길을 더듬어 올랐다.

차창에 스며든 겨울 햇볕이 아직은 두터워 그렇게 춥지는 않았다. 옆에 앉은 촌로 한 분이 우리 모자의 주고받는 이야기를 듣더니 어디를 가느냐고 말을 건넨다. 새들에 간다고 했더니 전씨냐고 묻는다.

"새들 전씨는 함양에서 알아주는 문중이재."

"집안이 벌족했고 서울 나들이도 빈번했고……."

라고 말하는 경상도 특유의 억양이 싫지 않았다.

"그래, 웬일로 가능기요?"

"조부께서 사시던 마을입니다. 문중 일로 갑니다."

함양에서 향교 일을 본다는 그 분의 이야기를 들으며 새들 거연정居然亭에 도착하였다.

한 걸음 한 걸음 발을 디딜 때마다 할아버지 숨결을 느끼는 듯했다. 참으로 오랜만에, 그것도 일세기가 넘는 시공차時空差

속의 선대 삶터에서 그의 후손이 서성거린다는 생각에 이르자 야릇한 마음이 일었다. 어렵게 형님뻘 되는 할아버지 한 분을 만나 고조부 묘역에 다다랐을 땐 서산에 해가 기울고 겨울 저녁바람이 코끝을 스치고 지나갔다. 그 분이 시키시는 대로 가져온 술을 이끼 낀 상석 위에 따라놓고 재배再拜를 하였다. 비석도 온데간데 없고 봉분도 거의 망가져서 형체만 남아있다.

인생은 결국 한 움큼 부토腐土로 돌아간다는 생각에 쓸쓸함이 뼛속을 저리게 한다.

벌써 해가 지고 어둠이 깔리는데 솔바람이 스산하게 인다. 언제 날아왔는지 까치 한 마리가 소나무 끝에 앉아 물끄러미 우리를 응시하고 있다. '너도 자연이다' 라고 일깨우듯이.

(1984)

근원의 동경

인간은 근원에 대한 끊임없는 동경 속에서 역사를 기록하고 창조하기도 하며 지난날의 발자취를 더듬기도 한다. 대개 나이가 들수록 이 근원에 대한 무한한 향수는 더욱 절실하게 인간의 가슴팍을 파고드는 게 아닐까. 인간이 다른 동물과 다른 점이 유독 지난날의 회억回憶에 있다면 과장일까? 항차 동물도 죽을 때는 고향을 향해 머리를 두른다는 수구초심首邱初心이란 말도 있는데…….

근간 알렉스 팔머 헤일리(Allex Palmer Haley)의 『뿌리(Root)』가 미국은 물론 전세계에 놀라운 선풍을 일으킨 것도 근본적으로 이 근원에 대한 인간의 끊임없는 동경에 기인한 것이 아닐까 한다. 근원에 대한 동경은 한 씨족의 원조에 대한 것만이 아닌 한 민족의 시조에 대한 숭앙심으로부터 고향을 그리는 사향심思鄕心, 그리고 문학예술의 근원에 대한 동경에 이르는 인류공통의 감성작용이라고 할 수 있다.

나는 평소 우리 민족의 뿌리나 민족 얼에 대한 규격화된 학교의 교육과정이나, 『삼국유사』 등 고문헌에 기록된 단군 설화의 내용에 이르는 일련의 사상事象들이 극히 추상적인 범주에 머무르고 있다는 나름대로의 불만과 아쉬움을 느껴왔다. 더구나 우리 씨족에 대한 상식은 부끄러울 정도였다.

우리 집안 문적文籍은 무자년戊子年 수해와 6·25사변을 거치면서 그나마도 소실되어 없어졌다는 이야기를 어머니로부터 전해 들었을 뿐이다. 남아 있는 것이라곤 광서제 20년光緖帝二十年(고종조) 증조부의 참봉교지 한 장 외에 아무것도 없다. 천만다행으로 금년 봄 안의에서 고종원년에 발간된 파보派譜 13권과 『채미헌실기』를 얻어 볼 수 있었다. 생면부지에 가까운 족형들과 족숙을 만나 밤이 새도록 듣던 선조의 얘기에서 따스한 혈육의 정을 느낄 수 있었다.

할아버지까지 사셨다던 고조부 댁에 안내되었을 때의 감회는 참으로 잊을 수 없었다. 푸른 이끼가 더덕더덕 끼어 있는 고색창연한 기와는 차라리 청기와집이라 해야 옳았다. 사랑채와 안채가 뚝 떨어져 있고 좌우에 곳간과 광채가 들어서 있다. 사랑채에 관리인이 살고 있는 듯한데 마당에 수북하게 잡초가 우거져 있어 을씨년스럽기 그지없다. 누가 보아도 사람이 살지 않고 있는 빈집임을 직감할 수가 있다. 무서우리만치 싸늘한 냉기가 감돌아 으스스해진다.

이 집에서 3천 석을 했다니 다시 한번 인생의 영고성쇠를 보는 것 같아 시공의 무상감이 뼛속 깊이 후벼 든다. 그 많은 재산을 놓고 작은집인 금부도사댁과 집안싸움이 극에 달하자, 형제조부께서 홀연히 모든 것을 훌훌 벗어 던지고 육십령고개를 넘었단다. 그리고 전라도 장계에 정착한 지 70여 년의 세월이 흐르도록 절연絕緣하고 지내왔다니 마치 옛날 드라마를 보는 것 같았다.

아쉬움과 서글픔이 한꺼번에 밀려든다. 마을로 들어가는 길 양쪽에 효자, 열녀 정려旌閭가 나란히 서 있다. 수천 년 세월이 흘러도 변할 줄 모르고 흐르는 그 시냇가에는 애초 11대조 화림재공이 새들을 개척할 때 쉬었다던 초정草亭 자리에 거연정居然亭이 시원한 바람을 쐬고 있다. 거연정으로 건너가는 구름다리 옆에 화림재공의 유적비가 느티나무 그늘 아래 우뚝 서 있다.

마을 뒷산엔 여말충신 채미헌을 제향祭享했던 서산서원 유허지의 흔적이 아직도 남아 있고, 고조부의 공정재恭正齋가 수십 년 세월 뒤에도 초라한 모습으로 현손玄孫을 맞아준다. 이러한 유적들은 텅 빈 가슴팍을 열어주어 나의 근원에 대한 실체를 느끼게 하기에 충분했다. 훌륭하다고 자랑은 못할망정 조상의 숨결을 느낄 수 있다는 것은 얼마나 큰 정신적 행복인가?

지난 여름방학 때도 거연정에 텐트를 치고 온 가족이 물놀이로 한 더위를 식힐 수 있었던 것은 얼마나 다행스런 일이었는지 모른다. 철이 안 든 어린아이들이 이것이 할아버지 정자이고 여기가 할아버지 고향이냐고 꼬치꼬치 물어 확인할 수 있었던 것도 중요한 산 교육이었다.

거연정 아래 군자정君子亭이 자리하고 있는데 그 앞에 어느 날 아침 큰 바위가 우뚝 서서 마을을 향한 그 모습이 꼭 새의 머리모양과 같았다고 한다. 새의 머리 모양을 한 그 바위를 떼버려야 만 석을 채울 수 있다는 어떤 도사의 말을 듣고 고조부께서는 석수장이를 시켜 몇 날 며칠을 정으로 쪼아 바위 상단을 깨버렸다는 것이다. 그 이후로 만 석이 되기는커녕,

증조부와 조부께서 모조리 재산을 탕진한데다가 도사택都事宅과의 재산송사로 거의 몰락해 버렸다는 이야기가 전설처럼 지금도 전해온다. 정말 그 큰 바위 상단 잘려진 부분엔 수십 개의 정 자국이 또렷하고, 떨어져 나뒹군 바위에도 똑같은 절흔切痕이 역력히 남아 있다.

종손으로서 조상의 묘소에 참배해야 한다고 채근하던 족숙의 말씀을 오늘, 내일 미루다가 마지막날은 마지못해 택시를 전세 내어 여기저기를 돌아다녔다. 하차해서도 산길을 수 킬로를 걷기도 하면서 대여섯 묘소에 참배를 하니 하루해가 뉘엿뉘엿 저물었다.

세보世譜로만 보았던 10대조로부터 5대조의 묘소에 직접 참배한 건 참 잘했다는 생각이 든다. 잘 모르긴 해도 500년이 넘는 선대조의 묘소를 비석과 상석 등 석물을 갖추어 놓고 이렇게 관리해 왔던 집안도 드물 것이다. 옛날에는 곳곳마다 묘지기의 전답과 임야가 있으니 서로들 앞을 다투어 관리를 자청했다고 하나, 요즘은 그런 사람이 없어 선영先塋관리가 여간 어려운 게 아니라고 한다.

참으로 선조들의 숭조崇祖사상은 오늘날 우리 세대들이 되찾아야 할 고유의 미풍일 수 있지만, 이렇게 가다가는 온통 산하가 묘지로 덮여갈 게 분명하니 이도 또한 큰일이라는 생각이 든다.

(1988)

4. 천둥소리

현해탄을 넘어서
징기스칸의 옛 꿈
서시 같은 서호
운하 속에 잠겨 있는 소주
말없이 돌고 도는 역사문화
힘없고 이름 없는 사람들의 아우성
천둥소리 나이아가라
하찮은 인간들의 좁은 가슴
톨 강가의 승마와 낚시
호주 웨스턴시드니 대학

현해탄을 넘어서

금년 1월, 우리들은 현해탄을 건너 후쿠오카를 다녀오기로 하였다.

현해탄은 본디 겐카이나다玄界灘라 했는데 근세에 바뀌어진 이름이다. 부산과 시모노세키 사이에 있는 바다를 말하는데 수심이 5~60m로 얕고 많은 섬과 암초가 산재해 있을 뿐더러 겨울에는 북서계절풍이 불어 파도가 거세다. 우린 부산과 시노모세키를 오가는 관부연락선에 올라 서해르 지는 낙조를 등지며 현해탄을 건너서 일본으로 향했다.

겨울이라선지 파도가 거세다. 하얗게 부서지는 바다의 물결 위에 여러 사람들의 모습이 스치고 지나갔다. 베트남 사람들이 썼던 삿갓을 쓰고 우리나라를 쳐들어 왔던 왜병들, 일본을 오갔던 조선통신사행렬, 일제 때 일본으로 신교육을 받으러 간 사각모의 유학생들, 사랑했지만 사랑을 이루지 못해 애인과 함께 현해탄에 투신자살한 우리나라 최초의 성악가 윤심덕, 그리고 일제에 의해 강제징용을 당해 끌려간 수많은 우리나라의 민초들의 모습들이 바다 위에 떠올랐다.

그러나 현해탄은 온갖 애달픈 사연과 피눈물을 삼키고도 말없이 물결 위에 육중한 배를 띄우고 사람과 물건들을 실어 나르고 있다. 수많은 사연을 안고 있는 상념 속에서도 현해탄의 품 속에 안겨있는 윤심덕과 김우진이 다가든다.

김우진은 전남 장성 출신으로 일본 와세다 대학 영문과를 졸업하고 국어와 일본어 시 40여 편과 희곡을 남긴 작가였다. 그 둘은 서로 사랑했으나, 김우진은 아내와 아이들이 있는 유부남이었다. 이룰 수 없는 사랑으로 그들은 괴로워했고 결국 죽음을 선택했다.

1926년 레코드 취입을 위해 오사카에 갔다가 돌아오는 관부연락선 위에서 윤덕심이 자주 불렀던 「사死의 찬미」를 부르고 김우진과 함께 동반자살을 했다. 차라리 이룰 수 없는 사랑이라면 죽어서라도 저 세상에서 사랑을 맺자는 거였을까? 안타깝고 허허롭다. "개똥밭에 굴러도 이승이 저승보다 낫다."라는 속언도 그네들에게는 아무런 효험이 없었나 보다.

우리네는 삶과 죽음을 별개의 개념으로 보지 않고 동질적인 차원으로 생각해 왔다. 죽음은 삶의 끝이 아니라, 또 다른 삶의 새로운 시작이라는 관념에서 죽음을 그리 슬픈 것이라고 생각하지 아니했다.

그러므로 이승에서 못다 한 사랑이라면 저승에서 다시 이룰 수 있다는 미래지향성에서 스스로를 위로했었다. 그러기 때문에 음택陰宅을 제2의 삶이라 생각하고 유독 좋은 자리를 찾으려 했고, 사람이 살고 있는 양택陽宅처럼 잘 관리를 해 왔었다.

이런 저런 생각으로 밤바다를 내려다보았다. 얼마의 시간이 흘렀을까. 시노모세키 근해에 도달했다. 정박을 했다. 어설프지만 배 안에서 아침까지 시간을 보내야 입국수속을 할 수가 있나 보다. 배 안은 일본으로 장사하는 보따리장수 아주머니들로 붐볐다. 잠자리도 그런대로 괜찮았고 남녀 대형 사우나실도 갖추어져 있는데다가 시설도 고급유람선에 못지않았다.

이튿날 아침, 간단한 입국수속을 마치고 난생처음 일본 땅을 밟아 보았다. 우리네 산천과 하나도 다름이 없건만 일본은 정말 가깝고도 먼 나라였다. 일제 침략과 35년 간의 긴 압제로 깊은 한을 심어준 일본과 일본 사람들이 모두 왜국과 왜놈으로 우리 머리 속에 남아 있기 때문일 게다.

대기해 있는 관광버스에 올라 관광 길에 올랐다. 첫 관광지는 태재부에 있는 신사神社였다. 수령 천년도 훨씬 넘은 거자수가 즐비하게 늘어서 있어 고색창연했다. 대정大正 13년 3월 문부성에서 천연기념물로 지정한 대장大樟, 또는 대남大楠이라 이름한 거목이었다. 부부처럼 한 쌍으로 나란히 서 있는 두 거목을 부부장夫婦樟이라 이름하고 수령이 천년이나 천오백년이라 기록해 놓았다.

이 신사엔 관원도진공이라는 대학자를 모시고 있는데, 이 신은 국가의 융성과 문화발전에 큰 공을 세운 신이기 때문에 이 신에게 빌면 누구나 학업을 성취하게 되고 또 재앙을 쫓고 복을 불러다 주어 제재초복除災招福이 된다고 한다. 그래서인지 이 신사를 찾아 기도하는 일본인들이 인산인해를 이루고 길 옆 상가는 관광객들로 붐비고 있었다.

날씨조차 봄날처럼 포근하여 사람들의 모습도 생기가 넘쳐 흘렀다. 경내에 있는 식당에서 일본식 도시락으로 점심을 하였다. 특히 일본식 녹차가 우리들 갈증을 풀어 주었다. 맛은 좀 심심한 듯했지만 그런대로 담백한 향기가 오래도록 혀끝에 맴돌았다.

(2004)

징키스칸의 옛 꿈

무더위가 맹위를 떨치던 지난 여름날, 몽골리아 울란바타르로 가기 위해 인천공항에서 수속을 밟다가 협력대학인 울란바타르 대학의 총장을 만났다. 젊고 단아한 분으로 한눈으로도 예삿분이 아니라는 인상이 강렬하게 풍겼다. 반갑게 인사를 나누고 같은 좌석에 앉아 몽골로 향하는 비행기에 올랐다.

원래 그는 선교사였다고 했다. 중국은 종교가 허용되지 않는 유물사관이 지배하는 나라여서 몽골에서 선교하는 일이 여간 어렵지 않았다고 했다. 하지만 몽골도 중국에 종속된 나라이기 때문에 선교는 엄두도 낼 수 없는 국가지만 목숨을 걸고 죽을 힘을 다해 하나님의 그 어려운 사업을 수행했다고 한다.

그러나 이러한 과정에서 몽골인들에게 우리 한국어를 가르치다가 놀랍게도 정부로부터 대학 설립의 제의를 받았고, 마침내 1993년에는 몽골 울란바타르 대학의 설립인가를 받아낼 수 있었다고 했다. 그리고 이듬해 시월에 정부로부터 최우수 사립대학으로 평가를 받았다고 하니 새삼스레 하나님만이 할 수 있는 참으로 놀라운 일이라는 생각이 들었다.

중학교 때 학교를 파하고 한강 가를 하릴없이 걷다가 우연히 빌리그레헴 목사가 주도하는 세계 선교집회에 참석하게 되어 기독교에 입문한 얘기며, 몽골에서 대학을 설립하게 된 흥미로운 이야기를 듣다가 밖을 내려다보니 윤기 잃은 노릇한 초원이 광활하게 펼쳐졌다. 그리고 그 초원 너머 나지막한 도회가 내려다보였다. 저기가 울란바타르냐고 물었더니 그렇단다.

비행기는 꺼칠한 녹색 초원의 작은 비행장을 몇 번 선회하더니 착륙했다. 몽골의 수도공항이라지만 우리나라 그 어디에서도 찾아볼 수 없는 너무도 자그맣고 초라한 공항이었다. 에어컨이 없는데도 옷소매를 스치고 몸속으로 파고드는 바람이 여간 서늘하지 않았다. 우리나라는 연일 찜통 같은 폭염으로 사람들이 허우적거리는데 여긴 완연한 가을 날씨였다.

하늘도 가을 하늘처럼 맑고 드높다. 어릴 적 고향에서 노상 보았던 구름 한 점 없는 그런 하늘이었다. 잠시 두고 온 고국의 고향 하늘이 한 줄기 바람처럼 아련하게 가슴을 스치고 지나간다. 비가 내리지 않아 생기를 잃은 이름 모를 풀들이 햇볕에 비틀려 바람에 하늘거리고 있다.

이번 여행은 우리 대학이 외국의 협력대학인 몽골의 울란바타르 대학과 몽골국립연구원대학간 제휴된 사업 점검을 위한 공식적인 출장이었기 때문에 여행이라는 가벼운 마음이 들지 않았다. 하지만 수년 전 베이징 대학에 초빙교수로 있을 때 내몽골에 가본 적은 있어 몽골과는 얼마나 다를까 자못 궁금했다. 이내 차창 가로 스쳐지나가는 울란바타르의 거리와 지저분하고 답답한 시가지의 모습이 내몽골과 하나도 다르지 않다는 걸 느낄 수 있었다.

잠시 후에 김대중 대통령이 머물렀다던 징기스칸 호텔에 도착하여 여장을 풀었다. 그리고 우리나라 사람이 경영하는 한식집에 안내되어 늑대고기로 특별만찬을 하였다. 이곳은 야생 늑대가 많아 이를 사냥하는 일을 나라에서 권장을 하기도 하고, 요리를 해도 아무런 문제가 발생하지 않는다고 했다.

물론 몽골인들은 이런 음식을 선호하지 않는다고도 했다. 우리나라 사람이 경영하는 음식점이기 때문에 가능한 일이었을 거라는 생각이 들었다. 자연스럽게 수저가 가진 않았지만 먹기가 거북하진 않았다. 담백한 보신탕 맛이라고나 할까?

저녁을 마치고 거리로 나섰다. 밤 10시가 넘었는데도 해가 서산마루에 걸리어 있다. 여긴 북반구에 가까이 위치한 나라이기 때문이라니 여행이 주는 맛이 이런 것이 아닐까 싶다. 저녁 바람이 가을날씨마냥 싸늘하여 옷깃을 여미게 한다. 얼마를 걷다보니 우리가 여장을 풀었던 호텔이 저만치 다가선다. 연탄가스 냄새가 매캐하게 코를 찌른다. 이 나라의 에너지원이 바로 석탄이고 보면 우리도 오륙십 년대 우리나라를 찾아온 관광객들이 그랬을 거라는 생각이 든다.

이튿날 우린 협력대학의 이사장의 안내로 몽골국회의사당을 방문했다. 치미도리 간조리그 재무차관과 초이존 소드놈체른 재무분과위원장을 만나 몽골국가에 대한 얘기와 한국대학간 협력 사안에 대한 요구를 들었다. 몽골은 광활한 국토를 가진 나라지만 인구는 사오백만 명에 불과한 부족국가 수준인데 우리나라처럼 수도인 울란바타르에 인구가 집중되어 있다고 했다. 이러한 현상은 어느 나라나 공통적으로 나타나는 현상인가 보다.

몽골에 와 보니 우리나라는 이들이 부러워할 정도로 눈부시게 발전한 선진대국이다. 산학협력대학의 이사장이나 총장은 말할 것도 없고 장, 차관들도 예외가 아니었다. 조금이라도 우리에게 도움을 받으려고 온갖 정성을 모으고 최선을 다하는 그들의 모습이 차라리 애처로웠다.

그 옛날 세계적인 영웅 징키스칸이 있어 광활한 초원을 누비고 급기야 유럽까지 정벌했던 그 엄청난 국력은 어디로 가고, 못난 후손들은 이토록 초라한 나라를 이끌어가는 걸까. 정말 역사는 흥망성쇠의 사이클처럼 돌고 도나 보다. 지금 그들도 징키스칸의 웅혼한 옛 꿈을 꾸며 그 때의 영화를 그리고 있는 걸까.

(2006)

서시西施 같은 서호西湖

북경에서 오후 3시 항주행 콰이수 후어처快速火車를 탔다. 후어처, 이 말은 중국에서는 '기차'라는 말이다. 우리말의 기차는 '치처汽車'로 자동차를 의미하는 말이기 때문에 우리와는 사뭇 다르다. '학원學院'이란 말도 중국에서는 단과대학이나 초급대학을 일컫는 말이지만, 우리나라에서는 사설 교습소나 양성소와 같은 뜻으로 쓰인다. '공작工作'이라는 말도 그렇다.

지난여름 내가 중국에 초빙교수로 가게 되어 대학 당국으로부터 공작증을 받았을 때의 야릇한 감정도 역시 그랬다. 공작이란 말은 북한 간첩들이나 하는 무시무시한 일이요, 우리나라에서는 사람을 음해나 음모하기 위해 거짓으로 꾸며내는 일이 공작이었으니까 말이다.

또 동쪽과 서쪽을 뜻하는 '동서東西'도 중국어에서는 '물건'이라는 뜻을 가진 '뚱시東西'이며, 그 밖에도 생평生平, 한제限制, 어언語言과 같이 앞뒤 글자를 아예 바꾸어 쓰는 경우도 많다. 문화의 이질적 변화가 엄청난 분화를 몰고 온다는 것을 실감할 수가 있다.

항쩌우抗州까지는 18시간 이상이나 걸리기 때문에 이런 열차는 대부분 3단의 침대칸을 대칭으로 배치하였다. 6명이 한 팀이 되어 여행하는데 괜찮은 편이다. 다만 이용해 보지 않은 사람들은 2층과 3층을 오르내리는 게 여간 불편한 게 아니다. 하지만 단란한 가족이나 친구들끼리 여행하는 데는 또 다른 낭만과 재미를 느낄 수도 있어 좋다.

우선 밤새워 달리는 기차 안에서 정겨운 술잔에 따스한 우정과 사랑을 담아서 나눌 수도 있거니와 여행의 즐거움도 만끽할 수 있기 때문이다. 어둠의 커튼이 드리워진 창 밖의 야경을 내다보는 것도 상당한 여행의 재미를 더해준다. 어릴 적 아련한 고향 생각에 빠져들게도 한다. 밤 9시쯤엔 어김없이 실내소등을 한다. 긴 여로에 숙면이야말로 가장 중요한 필요조건이기 때문일 게다. 잠이 오지 않는 사람은 승강계단에 나가 기차 소음에 묻어오는 야경을 보아도 좋다. 아니면 정다운 사람과 정담을 나누어도 좋다. 잠자는 이들에게 방해가 안 될 정도로만 말이다.

날이 밝아오는 여명. 창가에 내려진 커튼을 걷으니 아침 안개가 한 폭의 동양화처럼 아름답다. 푸른 채소밭과 보리밭이 싱그럽기 그지없다. 항쩌우가 가까운 것 같다. 베이징은 한겨울인데 여긴 완연한 봄이다. 농가의 집들도 깨끗하고 아름답다. '하늘에는 극락이 있고, 땅에는 항쩌우와 수쩌우蘇州가 있다(上有天堂 下有蘇抗).'는 말이 실감난다. 수쩌우는 공업화로 인해 오염된 지 오래지만, 항쩌우는 이와는 대조적으로 지금도 깨끗하고 아름답다. 과연 지상의 낙원이라고 하는 게 과장이 아닐 듯하다.

춘추전국시대 말기 패권을 다투었던 구천九踐이 이곳에 월나라를 세운 곳이기도 하다. 철천지원수와 함께 있다는 뜻을 지닌 '오월동주吳越同舟'나 원수를 갚기 위해 이를 갈았다는 '와신상담臥薪嘗膽'의 고사가 생겨난 곳이라는 생각에 마음이 야릇했다.

북경을 떠난 기차가 자그마치 18시간이 지나서야 항쩌우역에 도착하였다. 대기하고 있는 관광버스에 올라 곧바로 영은사靈隱寺로 향했다. 그 유명한 '시후西湖'를 거쳐 절강 대학을 지나야 이 절에 이를 수 있다. 포장된 도로 옆에는 핑크색 동백꽃이 우리 일행을 반기고 남녘에서나 볼 수 있는 각종 활엽수 나무들이 울창하다.

반시간 남짓 달려 도착한 영은비래봉靈隱飛來峰이라 이름한 영은사 절 입구. 탑지공리塔之公理라 쓴 안내판 뒤에 자그마한 탑이 있는데 이 탑이 무덤이란다. 600여 년 전 명나라 때 이곳에 왔다가 죽은 인도 사람의 무덤이라고 했다. 이런 탑들은 무협으로 유명한 소림사에 산재해 있다고 한다. 그 탑 뒤에 커다란 바위산이 버티고 있는데 바위를 통째로 조각하여 마치 자그마한 동굴마다 별도로 조각한 여러 모양의 불상들을 안치한 것 같지만, 자세히 들여다보면 실은 그 산바위가 통돌이 되어 조각된 것이 참으로 신기하였다.

이 산은 1600년 전 인도에서 부처의 신력神力으로 이곳으로 날아온 산이라 하여 비래봉이라 이름했다고 한다. 비래봉에는 크고 작은 여러 형상의 마애불이 330개 정도가 실제 조각품처럼 새겨져 있는데, 대부분 원나라 때 이룩된 것이라 했다. 바로 옆에는 뜻도 알 수 없는 인도 산스크리트어가 양각

되어 있고, 맞은편 벼랑에는 그림에서나 보아왔던 묘한 웃음을 머금은 달마상의 마애불이 자그마한 동굴 속에 자리하고 있는 게 참으로 인상적이었다.

비래봉을 휘돌아 흐르는 자그만 시냇물을 따라 잠시 오르면 영은산을 뒤로한 영은사의 웅장한 모습이 관광객 앞에 드러난다. 영은사 역시 1600여 년 전에 세워진 옛 절이란다. 운림선사雲林禪寺라는 액자가 걸린 웅대한 천왕전은 거대한 사천왕과 우스꽝스런 보살상이 엄숙한 표정을 짓고 있는 위타천과 대조를 이룬다. 천왕전은 우리나라 절에서 볼 수 있는 것과는 달리 웅장하기 이를 데 없다. 이 천왕전 뒤로는 세계에서 가장 크다는 20m 가량의 석가여래 좌불이 안치된 대웅보전이 장엄하게 자리하고 있어 관광객들을 사로잡고 있다.

영은사를 돌아나와 조금만 자동차로 달리면 그림 같은 서호가 나그네의 발길을 멈추게 한다. 이 호수는 매학처자梅鶴妻子하며 은둔했던 임포林逋로 유명할 뿐만 아니라, 소동파, 백거이, 이백 등 당나라 때의 시인묵객으로도 널리 알려진 곳이다. 은일이나 은둔을 이야기하며 매화를 아내로, 학을 아들로 삼아서 더러운 세상을 떠나 이 아름다운 호숫가에서 살았다는 강의를 할 때면 실제 보지도 못한 서호를 떠올렸는데, 그 호수를 보니 참으로 묘한 흥분이 인다.

이 호수는 월나라 구천이 오나라 부차에게 바쳤던 사랑하는 세기의 미녀 시스西施에 비유될 만큼 아름답기 이를 데 없는 곳이다. 아침이면 아침대로 좋고, 저녁이면 저녁이어서 아름다울 뿐만 아니라, 비 오는 날이면 애절하게도 좋은 그런 호수로 춘하추동, 시시각각 끝없는 변화의 명화名畵를 연출해내는 호수이기 때문일 게다.

본디 이 호수는 오랜 옛날 역사가 시작되기 이전에는 바다와 연결된 천연호였다고 한다. 당나라 이전에는 금우호金牛湖로 불렸다는 이 호수는 남북의 길이가 자그만치 3.3km에 이르고 동서가 2.8km이며 둘레가 15km가 넘는다고 하니 호수가 아니라 차라리 바다라는 편이 옳을 것 같다.

서호에는 백제白堤와 소제蘇堤의 긴 제방이 각각 1km와 2.8km 정도로 길게 뻗쳐 있다. 이 길은 연인과 사랑을 속삭이며 거닐거나 하이킹을 할 수 있도록 되어 있다. 그림처럼 아름답게 호수 속에 드리워져 있는 모습이 참 멋지고 아름다웠다. 동승하여 안내하고 있는 중국인 여자 가이드는 짧은 영어로 이 호수를 '러브 레이크'(love lake)라 하고, 이 긴 둑길을 '러빙 브리지 로드'(loving bridge road)라고 목청을 돋우어 자랑하고 있다. 아무리 사이가 좋지 않고 서로 사랑하지 않는 사이더라도 이 길만 거닐게 되면 사랑에 흠뻑 빠져 버린다고도 했다.

더구나 이 호수에는 하체가 뱀이었던 하녀河女 백소정白素貞과 그녀가 당대 선망했던 선비 허선許仙과의 러브 스토리까지 전해온다면서 열을 올렸다. 백사녀白蛇女 백소정과의 사랑의 민담이 배경이 되었기 때문에 제방의 이름을 백제白堤라고 했나 보다는 생각을 하고 있는데 그게 아니란다. 당대 시인묵객으로 이름을 떨친 백거이가 고을 수령으로 있을 때 쌓았던 제방이라 붙여진 이름이라 했다. 길을 따라가면 운하의 다리 단교斷橋를 만나게 된다. 이 단교는 백소정과 허선이 만나 사랑을 나눈 다리란다. 겨울에 눈이 쌓이면 다리 중앙이 녹게 되는데 뒤켠의 보석산에서 내려다보면 마치 다리가 끊어진 것같이 보이기 때문에 단교잔설斷橋殘雪이 되어 서호 제1경을 연출한다.

이 백제를 계속 걸어가면 잘 가꾸어진 중산공원中山公園에 이르게 된다. 그 공원 안에 자그마한 산을 만나게 되는데 이 산이 바로 고산孤山이다. 고산. 조선 인조조와 효종조에 살았던 「어부사시사」와 「산중신곡」 그리고 「오우가」로 널리 알려진 시가객 윤선도의 아호다. 이 외로운 독뫼인 고산. 그가 잠시 은거했다던 경기도 고양시에 있는 산을 고산이라 했다지만, 서호에 고산이 있다니 잠시 머리가 어지럽고 혼란스럽다.

조선조의 2대 시가객으로 우리는 송강과 고산을 꼽아왔다. 그들은 다른 선비들과는 다르게 우리 국어의 조련사마냥 우리 말과 글을 아름답고 세련되게 갈고 닦아 아름다운 국문학 작품의 유산을 많이 남겼기 때문이다. 한데 송강도 상하이上海의 옛 지명이고, 고산은 지금도 백제白堤의 끝지점 산 이름으로 남아 있으니 지명이나 사람의 아호까지도 중국의 그것을 용사用事할 수밖에 없었던가 싶다.

그러고 보니 악묘岳廟에서 보았던 옛 중국지도의 지명들이 떠올랐다. 꾸왕저우光州, 광저우廣州, 양양養陽, 장수長水, 연안延安, 함양咸陽, 사천四川, 창평昌平, 강릉江陵, 채석강采石江 등등 헤아리기가 어려울 정도로 많다. 우리나라를 소중화小中華라고 스스로 폄하貶下하는 사대성事大性은 지명까지도, 사람의 아호까지도 중국의 그것을 그대로 옮겨 용사해야 했다는 것인지 한심하기가 이를 데 없다.

악묘는 금나라의 침략에 맞서 용감하게 싸우다 억울하게 목숨을 빼앗겼기 때문에 중국의 민족적 영웅으로 추앙된 악비岳飛(1103~1142)를 모신 사당으로 한쪽엔 무덤도 있다. 무덤 앞에는 그를 배반한 두 사람의 철상鐵像이 무릎을 꿇고 있는데, 중국인들이 뱉은 침이 군데군데 더럽게 흩어져 있다.

서호 10경 가운데 네 번째의 비경으로 소제춘효蘇堤春曉가 있다. 이 소제는 아버지 소순蘇洵, 동생 소철蘇轍과 함께 북송의 삼소三蘇로 문명文名이 잘 알려진 소동파가 쌓았다 하여 붙여진 이름이다. 이 제방은 소등파가 1089년부터 항주지사抗州知事로 재임하면서 20만 명을 동원하여 쌓은 긴 둑길로 그 길이가 3km에 가까우며 배가 지날 수 있는 아치형 다리가 여섯 개나 된다. 이 긴 둑으로 인해 사계절 내내 아침저녁으로 아름다운 비경을 만들어 내어 아름답다. 그러나 "사계절 모두 아름답다고 하지만, 봄의 새벽만큼 좋은 경치는 없다."는 소동파의 시구처럼 소제춘효가 서호 10경의 비경으로 꼽힌다.

또 서호의 아홉 번째 비경으로 삼담인월三潭印月을 친다. 호수 속에 무슨 삼담이랴 싶다. 그러나 호수 속의 섬으로 이루어진 삼담에 가려면 소제의 최남단 화항花港에서 배를 타야 한다. 화항은 화가산에서 흘러나온 시냇물이 이곳을 지나 서호로 흘러가기 때문에 붙여진 이름이다. 이곳에서 500여 그루의 모란이 만발하는데 화항의 붉은 잉어 떼와 묘한 대조를 이루어 만들어 내는 화항관어花港觀魚도 서호 10경 중 하나에 든다고 했다.

이곳에서 유람선을 타고 아름다운 서호를 향해 미끄러지듯이 배를 띄우면 하늘과 호수와 산이 아름답게 어우러진 멋에 넋을 잃은 채 삼담인월에 이른다. 삼담은 400여 년 전 호수

바닥에 쌓인 진흙을 준설하다가 만들어진 섬이라고 한다. 이 섬에는 그림 같은 대나무 숲길이 나 있고, 구곡교九曲橋가 지나고 있어 공중에서 내려다보면 호수와 섬이 마치 밭 '전田' 자 모양을 하고 있다고 한다. 호수 속의 섬이요, 섬 속의 호수인 셈이다. 구곡교 남단 비각碑閣에 새겨진 '삼담인월三潭印月'이라는 글씨는 청나라 강희 황제가 직접 쓴 친필이다.

섬의 남쪽 호수면에는 높이 2m 가량의 석탑 등이 세 개가 서 있는데 이 석탑은 속이 비어 있고 각각 5개의 둥근 구멍이 똑같은 간격으로 뚫려져 있다. 중추절이 되면 배를 띄우고 이 석탑 등에 촛불을 켜서 그 구멍으로 달을 보게 되는데 여기서는 모두 16개의 달이 뜬다고 안내자가 설명하였다. 술잔과 호수, 하늘, 사랑하는 이의 눈동자에 달이 뜨기 때문에 다섯 개의 달이 뜬다는 강릉 경포대를 떠올리며 서호에 어떻게 달이 16개나 뜨느냐고 물었더니 세 개의 석등에 다섯 개의 구멍으로 보이는 호수에 떠 있는 15개 달과 하늘에 떠 있는 달을 합치면 16개가 아니냐는 산술적인 대답에 우리네만큼 멋과 낭만이 없다는 생각이 들어 싱겁기 그지없었다.

그밖에 서호 10경으로 중추仲秋의 보름달이 호수에 비친 달 그림자가 마치 거울에 비친 듯 아름답다는 평호추월平湖秋月, 소제 과홍교跨紅橋 서북쪽에 펼쳐져 있는 비각碑閣을 중심으로 여름에 호수와 푸른 연잎을 배경으로 흐드러지게 연꽃을 피워서 그 은은한 핑크빛 향기로 바람에 너울거리는 연잎의 조화가 사람의 머리를 흔들고 만다는 곡원풍하曲院風荷, 해질녘 남병산南屏山 정자사淨慈寺에서 울려 퍼지는 남병만종南屏晩鍾, 설봉산雪峰山 정상에는 975년에 탑을 세웠는데 석양에 비친

이 탑의 모습이 아름답다는 설봉석조雪峰夕照, 서호의 동남쪽 취경원聚景園 버드나무 숲에서 우는 꾀꼬리 울음소리가 봄 호수의 아름다움을 더해 준다는 유랑문앵柳浪聞鶯, 서호 서남쪽에 있는 남고봉과 북고봉의 쌍봉에 비구름이 깔린 모습이 마치 한 폭의 산수화를 보는 것 같아 더욱 가경佳景이라 했다던 쌍봉삽운雙峰揷雲을 꼽는다.

서호의 아름다운 경치를 뒤로하고 롱징차龍井茶로 유명한 용정촌 용정다실에 들르면 황제에게 진상했다는 용정녹차의 맛과 향을 맛볼 수도 있다. 이 다실에 있는 홍보원의 말을 따르면 차를 마시고 난 찻잎 하나도 버릴 게 없다고 한다. 차 찌꺼기를 버리지 않고 꿀을 섞어 얼굴에 팩을 하면 주름이 생기지 않고, 또 이 차를 즐겨 마시면 고혈압이며 성인병을 모르고 장수한다는 과장된 넉살을 그냥 웃어넘길 수도 있다.

이 다실에서 잠깐 여독을 풀고 다시 남쪽으로 향하면 바다와 같이 큰 강 전당강錢塘江을 만나게 된다. 월왕 전홍숙錢弘叔이 이 강의 높은 파도를 진정시키기 위해 세웠다는 높이 60m나 되는 13층 육화탑六和塔의 위용을 바라볼 수도 있을 뿐만 아니라, 내부의 가파른 계단을 올라가서 전당강을 조망하는 재미도 함께할 수가 있다. 이 강은 오후 4시 무렵이면 달의 인력 때문에 무서울 정도로 높은 강물의 흐름을 구경할 수가 있는데, 그 옛날 월왕 전홍숙이 화살을 당겨 이 강물의 파도를 잠재웠다는 전설도 안내자에게서 들을 수 있었다.

(1999)

운하 속에 잠겨 있는 소주蘇州

항주에서 소주를 가려면 버스로 4시간여를 달려야 한다. 호수가 많은 도시여서일까? 지척을 구분할 수 없을 정도로 안개가 자욱하다. 자연 거북이걸음처럼 버스가 엉금엉금 기어갈 수밖에 없다. 신라 성덕왕 때 순정공이 강릉태수로 부임하러 가는 도중에 임해정에 이르러 점심을 하고 있는데, 문득 해룡海龍이 수로부인을 앗아갔을 때 깔렸던 안개가 이랬을까 싶다.

길 양편엔 '갓' 같은 푸른 채소가 지천으로 깔려 있다. 한 나라 안이지만 삭막한 회색빛 북경과는 사뭇 대조적이다. 좁은 일반도로이기 때문인지 위험한 커브길에는 사고다발事故多發이라는 경고 표지판이 눈에 띈다.

우리나라에서 어법상 맞지도 않는 '사고다발지역' 이란 말이 여기서 비롯되지 않았나 하는 생각이 들었다. 사고다발! 이 말은 '사고가 많은 곳' 이라는 뜻이지만 정확히 말한다면 '많은 곳' 이 아니라 '잦은 곳' 이라고 해야 옳다.

이 지방의 농가는 모두 단독형이거나 3 · 4층의 연립형 주택인데 흰색 벽에 검은 지붕의 흑백대조가 특이하다. 중국문화의 특질 가운데 하나는 대조對照라는 사실이 여기서도 증명이 된다. 시문학詩文學이나 건축, 미술, 공예 등 어느 부문에도 이 '대조의 미'는 중국 특유의 특질을 형성하고 있음을 알 수가 있다. 자금성의 건물구조도 대조의 미인 대칭구조로 형성되어 있다. 왼쪽에 凹형 건물이 있으면 오른쪽에는 반드시 凸형 건물이 배치되는 원칙이 존재한다는 말이다.

중국의 한시 구성도 모두 그렇다. 하늘을 노래하면 언제나 강이나 땅을 노래하고, 푸른 산을 노래하면 반드시 빨간 꽃을 대응시켜서 읊조린다는 것이다. 세상만물이 음양이원론의 바탕 위에 있다는 원론적 해석에서 연유된 결과일 것이다. 이러한 해석은 우리 한국 한문학도 그러려니와 우리의 시조나 가사문학 작품에도 그대로 적용되어 있다.

'앞 개(浦)에 안개 걷고 뒷 뫼(山)에 해 비친다', '꽃은 무슨 일로 피면서 쉬이 지고 풀은 어이하여 푸르는 듯 누렇나니', '나무도 아닌 것이 풀도 아닌 것이'(고산유고)나 '날거든 뛰지 말거나 섰거든 솟지 말거나', '맑거든 깨끗하지 말거나 깨끗하거든 맑지 말거나', '강호에 병이 깊어 죽림에 누웠더니', '은 같은 무지개 옥 같은 용의 꼬리', '오르지 못하거니 내려감이 고이할까', '실같이 풀어내어 베같이 걸었으니'(송강가사) 등의 수사修辭도 이러한 대조 대응의 원론적 구조로부터 비롯되었다는 말이다.

또한 이 소주지방의 방언方言은 북경어와 다른 독특한 면이 있어 흥미로움을 더해 준다. 중국인들은 복모음을 발음하지 못하고 그걸 분화시켜 발음을 하며, 받침도 소리 내지 못해 두 개의 음운으로 나누어 발음하는 특성이 있다. 그러나 이

지방 방언 중에서는 이런 특성을 극복한 예를 발견할 수가 있어 신기하다는 생각이 든다. 안녕이란 말의 '짜이찌엔再見'을 소주지방에서는 '재회再會'라고 우리들처럼 발음을 하고, 감사하다는 '씨에씨에謝謝'도 '사야謝也'라고 한다니 어찌 흥미롭지 아니한가. 어학을 전공하는 사람들도 이 중국어 방언에 귀 기울일 필요가 있을 것 같다.

광동어에도 이런 현상이 많다지만 안내자로부터 우리와 똑같은 이런 발음현상을 발견한 것은 나에게는 대단한 수확이었다. 고대 중국의 한자어 발음이 우리네와 같았다는 주장은 상당히 설득력이 있을 뿐만 아니라, 한자의 동이족 제작설東夷族制作說이 중국에서도 영향력이 있는 주장이라고 하니 흥미로운 일이 아닐 수 없다. 사실 순수 한국어라고만 생각했던 '씽씽 달린다'의 '씽씽'이 기실 '가다'의 중국어 '씽行'이었고, 배추도 '바이차이白菜'에서, 두부도 '떠우푸豆腐', 먹도 '모墨', 붓도 '비筆'에서 비롯됐다면 어학을 전공하는 사람들한테 그게 무슨 망령이냐고 호되게 나무람을 당할지 모를 일이다.

차창 밖으로 비치는 소주 지방의 농가주택 지붕의 용마루가 시선을 끌었다. '용마루', '용마름' 이는 한국 가옥이나 담의 상층부를 이루는 말이다. 중국어로는 '우지이屋脊'이라고 하는데 소주나 항주의 집들은 용마루가 마치 용이 걸쳐진 형상처럼 올려져 있는 게 아주 특이하다. 그리고 용마루 양끝은 멀리서 보아도 영락없이 용머리 모양 같다. 용마루의 '마루'는 '마리' 또는 '마름'이라고도 하는데, 이는 오늘날 '머리首'라는 뜻에서 이루어진 말이니 형상과 말이 일치함을 알 수가 있다.

중국이나 한국은 유사 이래 농경 문화권에 속한 나라로 농사를 중히 여겨왔다. 그러므로 역대 제왕들은 비를 몰아오는 바람과 구름처럼 비범한 능력을 가진 용들로 상징되어 왔고, 용은 농경 문화권에서 숭상해 왔던 상상적인 동물로서 사람들은 이를 신성시하였다. 중국에서는 지금도 이 용 조각들이 상가나 집 안에 설치미술로 등장되고 있다는 사실을 전국 어디에서나 확인할 수가 있다.

소주가 가까워질수록 마을 마을에는 어김없이 늪이나 하천들이 있고, 으레 조그만 배들이 한가롭게 매어져 있다. 물의 정기를 믿는 탓일까? 이곳 사람들은 늪이나 하천을 중심으로 하여 마을과 도시를 이루어 살아간다. '소주 20km'라는 표지판이 걸린 도로 오른쪽엔 강폭이 제법 큰 강물이 흐르는데 석탄이나 모래를 실은 거대한 동력선들이 오가고 있다.

오강吳江이라 했다. 춘추전국시대의 오나라라는 뜻을 지닌 오강이다. 오나라의 부차가 세기의 미녀 서시를 월나라의 구천으로부터 상납 받았다는 그 오나라의 강물 위에 각종 화물을 실은 배들이 오가고 있다.

역사는 말이 없는 법인가 보다. 사랑하는 여인을 원수인 오나라 부차에게 바치고 얼마나 피눈물을 뿌렸으면 '와신상담'이란 고사가 생겨났을까. 아니 그 눈물로 적셨을 그 길을, 그의 말발굽 소리와, 그들의 창칼에 부딪는 소리들이 아직도 여운처럼 남아 있을 그 길을 우리가 달려가고 있다니, 문득 자금성 태화전太和殿 앞에 붙여져 있는 7언시 두 글귀가 불현듯 떠오른다.

까마득한 흥망의 궁중 비사 얼마인지
구중궁궐 깊은 곳에 감추어져 말이 없구나
多少興亡玄秘事 盡藏深宮不言中

궁상맞은 이런 저런 생각에 젖다 보니 거의 소주에 다다른 것 같다. 도시가 온통 운하 속에 잠겨 있는지 운하가 도시 속에 잠겨 있는지 분간하기 어렵다.

소주 사람들 생활이 흐르는 운하와 함께 이어져 있다는 말이 실감난다. 마을의 낮은 주택가 아래로 강물이 흐르고 화물을 실은 많은 배들과 햇볕에 그을린 사람들의 모습들이 부산스럽다. 과연 '동방의 베니스'라 불릴 만하다는 생각이 든다. 운하를 따라 나 있는 도로를 지나노라면 운하를 위해 만든 아치형 횡단 다리를 여기저기서 만날 수 있는 것도 이곳만의 운치이다.

소주로 표상되는 검은 기와와 흰 벽의 집들이 운하를 따라 즐비하게 늘어서 있고, 그림처럼 아침 안개가 드리워진 호반의 마을들은 영락없는 한 폭의 수채화를 연출하고 있다. 아름다움을 간직하고 있는 곳이기 때문에 예로부터 두보와 이백, 백거이와 같은 수많은 당대의 시인묵객들이 이러한 강호의 정경을 노래했던 게 아니었을까.

소주에는 흡사 육화탑처럼 시내를 한꺼번에 조망할 수 있는 북사탑北寺塔과 중국의 4대 정원에 드는 유원留園과 졸정원拙政園이 있고, 당대의 시인 장계張繼의 풍교야박楓橋夜泊으로 유명한 한산사寒山寺가 있어 여행의 재미를 더해 준다.

졸정원은 명나라 가정년간嘉靖年間(1552~ 1566)에 어사였던 왕헌신王獻臣이 고향에 칩거했을 때 건축한 정원인데 동원東園, 중원中園, 서원西園으로 나뉘어져 있다. 연못에 인공산과 건물을 조화롭게 배치한 전형적인 중국의 정원이다. 이 아름다움을 집대성한 것이 중원의 원향당遠香堂으로 여기서 보는 전망은 조형미술의 극치를 이룬다. 호수와 인공산은 남과 북으로 혹은 대소大小로 대응 대비한 조화의 결정체라고 할 수 있다.

강사원綱師園은 졸정원의 10분의 1에 해당하는 작은 정원이지만 연못과 정각과 산들이 졸정원과는 달리, 비대칭 구조의 자연적인 아름다움을 살린 정원이다. 북송 말년(12세기 초) 사정지史正志에 의해 만들어진 만권당萬卷堂은 청나라 건륭년간(1736~1795년)에 송종원宋宗元과 구원촌瞿遠村에 의해 정비된 정원으로 호수를 사이에 두고 간송독서헌看松讀書軒과 탁영수각濯纓水閣, 죽외일지헌竹外一枝軒, 소산총계헌小山叢桂軒이 서로 마주보고 있다.

여기는 한쪽이 연못에 임해 있으면, 다른 쪽은 인공산 기슭에서 떨어지게 배치되어 아름다움을 더해주는 정원으로 운치가 있어 좋다. 특히 이들 정원에서 이색적인 풍치를 느끼게 하는 것은 강가에서 오랜 세월 동안 바람과 물에 움푹 파이고 깎인 수마석水磨石을 엄청나게 쌓아올려 최대한 조형적 효과를 드러낸다는 것이다. 어떤 때는 굴속에 든 늙은 용이 여의주를 물고 나오는 형상인가 하면, 어느 때는 수많은 귀신들의 형해形骸 같기도 하고, 어찌 보면 하늘의 구름들이 비단으로 수를 놓은 것 같은 아름다움을 연출해내는 모습이 참으로 장관이다.

유원은 1525년에 물과 바람에 파이고 깎인 태호의 바위를 많이 사용하여 산수, 전원, 산림의 풍경을 인공적으로 조성한 정원으로 중국의 4대 명원名園 중 하나이다. 드넓은 정원 안은 4부문으로 나뉘어 각각 수천水泉, 건물, 원림園林 등으로 구성되어 있는데, 길을 따라다니다 보면 흡사 미로에 빠질 것 같은 불안감을 안겨 주는 재미를 맛볼 수 있는 곳이기도 하다.

하지만 이렇게 사람의 손으로 파고 갈고 다듬고 쌓아서 만든 조형물의 이런 정원은 좀처럼 탄사歎辭가 나오질 않는 까닭이 무엇일까. 그건 두 말할 나위 없이 조화옹이 연출해내는 자연의 아름다움에 비길 수가 없고, 또한 살아 숨쉬는 생동감도 느낄 수 없기 때문이리라.

두고 온 산하. 어디를 가든 아름다운 산수가 있고, 맑은 물에 이끼 낀 바위가 깊은 임천林泉을 이루며, 맑디맑은 크고 작은 소沼와 폭포가 있는 산천을 보고 싶다. 철따라 피고 지는 온갖 지초芝草며 화목花木들의 절묘한 조화의 미를 지닌 우리네 아름다운 자연을 여기선 좀처럼 찾아볼 수도 없다.

그렇다. 시간이 갈수록 내 나라가 그렇게 아름다울 수가 없고, 우리네 사람들이 그렇게 정겨울 수가 없다. 철따라 시시각각 또 다른 아름다움을 연출하는 담양의 자연 정원 소쇄원과 서하당, 면앙정과 송강정, 식영정, 해남의 세연정, 강진의 다산초당을 따를 수 없다는 생각이 든다.

우린 분명 한문문화권에 속해 왔지만, 우리 고유의 독창적인 문화를 형성해 왔다. 조선조의 2대 시가 장르인 시조와 가

사도 그렇고, 가장 단시일에 창제된 세계적인 우리 한글도 그렇다. 어디 그뿐이랴. 중국에서조차 한자를 제작한 사람들이 동이족이라는 주장이 상당한 세력을 얻고 있다니 그렇다면 한자차용문자로 알고 있었던 우리 향찰鄕札문자는 무엇이란 말인가. 미국에 흠뻑 빠져 자신의 모습조차 알지 못하고 허우적거리는 우리나라 천민신사대주의자들이여, 우리 것에 귀 기울여야 할 때가 아닌가.

수천 년 중국 역사 가운데 얼마나 많은 소수 민족과 국가가 명멸을 거듭했던가. 「마지막 황제」 늙고 병든 망국의 부의溥儀로 표상되는 만주족 청나라가 한갓 섬나라 왜놈들에게 무지하게 짓밟혀 얼마나 초라하게 사라져 갔었는가 말이다.

하지만 거대한 대륙과 대조적으로 아주 자그마하게 매달린 한반도 우리나라, 역사상 얼마나 많은 외침과 노략질 속에서도 쑥처럼 쑥쑥 그 생명과 문화를 끈질기게 지켜왔던가. 새삼 스스로 대견스러워진다. 이미 세계적으로 이름난 백제, 고려의 그 찬란한 문화 그것이 진정 중국의 아류문화 그것이었을까. 천만부당한 일이다. 새삼 우리만의 독창적인 것이었노라는 강변을 늘어놓을 필요조차 없다.

한산사寒山寺. 이름에서 연상되는 것과는 사뭇 다르게 깊은 산속이 아니라 시내 한복판 평지에 세워진 보통 절이다. 그림 같은 운하형 아치다리 강촌교江村橋를 건너면 바로 한산사에 닿는다.

> 달 지고 새 울어 하얀 서리 하늘 가득한데
>
> 강촌풍교 고기 잡는 등불 서러운 잠을 깨우네

고소성 밖 한산사의 한밤 종소리
뱃전까지 울려 퍼지는구나
月落烏啼霜滿天 江楓漁火對愁眠
姑蘇城外寒山寺 夜半鐘聲到客船

당나라 때 시인 장계張繼의 「풍교야박楓橋夜泊」 7언 절구이다. 이 시 한 수로 한산사가 유명하게 알려졌다. 유명한 만큼 그런 절이 아니어서 가보게 되면 대부분 실망스럽다는 생각을 하게 된다.

한산사는 본디 남북조시대 양나라 천감년간天監年間(502~519년)에 창건되었으나, 다섯 번이나 소실과 재건을 거듭한 절이다. 본디 묘리보명탑원妙利普名塔院이라 했다지만, 당나라 때 한산寒山과 습득拾得이라는 두 기인이 이 절에 기거했다는 데서 점차 한산사라 불리었다고 전한다. 지금도 고색창연한 대웅전에 가보면 희미하지만 이 두 사람의 기인을 그린 화상을 대할 수가 있다.

(1999)

말없이 돌고 도는 역사 문화

상하이. 우리나라 임시정부로 잘 알려진 중국의 제2도시 상해. 북경이 '역사문화도시' 라면 이곳은 '인간문화도시' 라고 할 만한 곳이다. 상해는 하릴없는 사람들이 배회하고, 예원상장豫園商場에서 윈도우쇼핑이나 직접 쇼핑을 즐기는 사람들, 황포 강黃浦江가의 황포공원에서 사랑을 속삭이는 젊은 연인들, 길가에서 구걸하는 거지들, 그리고 패션쇼 같은 옷차림의 멋쟁이들이 유행의 첨단을 달리듯 붐비는 곳이기 때문이다.

상해는 소주에서 콰이수꽁루快速公路로 한 시간 남짓 달리면 닿을 수 있는 곳이다. 상해는 상해호上海滬라고도 일컫는데 이 이름은 시내 중심부를 서쪽에서 동으로 흐르는 오송강吳松江 하류를 그 옛날 호독滬瀆(강과 바다가 맞닿는 곳에서 고기 잡는 어구漁具이라고 부른 데서 유래한다.

그러나 옛날에는 상해를 송강松江이라 이름 했다고 한다. 조선조의 문호 송강 정철의 아호 역시 이곳의 지명을 용사用事하여 지었을 것이라는 생각에 이르니 기가 막힌다.

이곳은 양자강 하구의 삼각주에 위치해 있으므로 해발이 5m를 넘는 곳이 없다고 한다. 여름은 길고 습기를 머금은 태평양 고기압에 덮여 있어, 최고 기온이 40도까지 오르기 때문에 중경重慶, 무한武漢, 남경南京과 더불어 중국의 4대 찜통이라고 한다.

상해는 황포 강의 선상 유람, 소주의 4대 정원인 예원豫園, 혁명적 문학가 노신魯迅의 묘가 있는 노신공원, 대한민국 임시정부, 옥불사玉佛寺, 상해박물관 등 볼 만한 것들이 많을 뿐더러 예원상장豫園商場, 우의상점友誼商店 등 대형 상가에서의 쇼핑도 함께 즐길 수 있는 곳이기도 하다.

예원은 명나라 때(1559~1577년) 반윤단潘允端이 부친 반은潘恩을 위해 세운 대저택으로 창랑정滄浪亭, 사자림獅子林, 유원留園, 졸정원拙政園과 더불어 중국의 명원名園 중의 하나다. 인공호와 호를 잇는 운하의 다리, 거대한 중국식 거실과 수많은 방들, 형형색색의 수마석水磨石들을 쌓아서 만든 온갖 조형물들은 이곳 어느 명원을 가나 공통적이다.

특히 정원 안 서북쪽에 만든 대가산大假山은 2만2천 톤이 넘는 무강석武康石을 쌓아올려 만든 산으로 높이 12m의 정상에서는 예원의 거대한 정원을 전망할 수가 있다. 또 예원을 둘러싸고 있는 건물의 꼭대기나 담 위의 용마루에는 용의 비늘과 같은 기와가 올려져 있고 마치 이제 막 하늘로 승천하려는 용머리를 대할 수가 있으니, 왜 지붕 꼭대기와 담장 위를 '용마루'라고 하는지 실감할 수 있다.

미로 같은 예원의 구석구석을 돌아 나오면 온갖 진귀한 상품들이 진열된 맘모스 상가 예원상장이 다가선다. 이곳에 들러 윈도쇼핑이나 몇 가지 기념될 만한 상품들을 값싸게 구입하는 재미도 함께할 수 있다. 이곳은 옛 성의 중심지로 100

년 이상 시민경제를 지탱해 온 곳이라고 하는데 이 시장은 소小, 토土, 특特, 다多를 자랑하는 122개가 넘는 상점이 자리하고 있다. 소小는 작은 상품이 많다는 말이며, 지방토산품이 많다는 토土, 진기한 물품이 많다 하여 특特, 그 종류가 하도 많아 다多라 했다니 흥미롭다.

예원상장을 돌아나와 시내 한복판에 자리한 옥불사를 구경하는 것도 상해에서 빼놓을 수 없는 코스이다. 이 절은 청나라 말기인 1882년에 창건된 절이긴 해도 미얀마에서 옮겨왔다는 옥불좌상玉佛座像과 와불전 마블와상臥像의 이색적인 부처상을 감상할 수 있기 때문이다. 또한 대웅보전 앞 천왕전에는 까만 흑인 모양의 금강신들 중앙에 붉은 얼굴에 파안대소하고 있는 부처의 얼굴이 이색적이다. 그래도 이 옥불사의 주제인 옥불玉佛은 사람들의 발길을 묶어놓기에 충분하다. 어찌나 사람들이 몰려 있던지 한참을 기다려야 그 장엄한 묘상妙相을 대할 수가 있었다.

묘상장엄妙相莊嚴. 이름 그대로이다. 고개를 숙인 듯한 티끌 한 점 찾아볼 수 없는 그 아름다운 옥안玉顔, 입가엔 잔잔한 미소가 넘쳐흐른다. 금방 살아서 우리 중생들에게 헛된 꿈속에서 깨어나라는 설법을 늘어놓을 것 같은 살아 있는 생생한 모습 그대로다. 그러므로 묘상妙相이라 했고, 그 인자한 모습에서 장엄莊嚴까지 느낄 수 있다는 것인가 보다.

관음보살은 본디 남자였다고 한다. 그러나 부드럽고 아름다운 여성의 모습으로 보이는 건 성전환을 했기 때문이라는 안내자의 설명이고 보면 그도 그럴 것 같다는 생각이 든다. 마블 와상불臥像佛도 옥불에 결코 손색이 없는 누워 있는 부처로

옥불과 같은 감흥을 일으키기에 충분한 불상이다. 득대자재得大自才라. '자기 자신으로부터 큰 깨달음을 얻을 수 있다.'는 뜻인 것 같다. 부처니 극락이 네 가슴속에 있다는 불가의 그 진리와 같다. 이 부처 역시 여성의 부드러운 곡선이 살아 있어 생동감이 넘친다. 비록 옥보다 못한 마블로 만들긴 했지만 말이다.

그리고 마영로馬營路에 가면 3층짜리 벽돌집에서 1926년부터 윤봉길 의사의 거사해인 1932년까지 임시정부가 있었던 상해임시정부구청사를 볼 수가 있다. 1층에는 당시 임시정부 각료들의 단체사진이 걸려 있고, 2층에 백범 김구 선생의 영정이 걸려 있다.

옥불사에서 상해역을 지나 보산로寶山路를 따라 달리면 노신기념관이 있는 노신공원에 닿을 수 있다. 공원 곳곳에서는 언제나 노소를 가리지 않고 중국 특유의 기공을 연마하는 사람들을 대할 수 있다. 공원 남쪽에는 노신이 살았던 옛집도 있고 공원 한편엔 노신기념관도 있다. 노신魯迅 (1881~1936)은 모택동과 더불어 혁명적 문학가로 활동했기 때문에 중국인들의 추앙을 받는 사람이다. 공원 중앙 안쪽에는 노신의 묘가 있는데 '노신선생지묘魯迅先生之墓'라고 쓴 모택동의 친필이 황금색으로 양각되어 있다.

중국인들은 황금을 무척 좋아한다. 간판의 글씨들은 모두 황금색 일색인데 풍성하게 돈을 벌어야 한다는 속뜻이 그대로 드러난다. 자금성 진보관珍寶館에는 진주, 옥, 황금, 비취 등 온갖 진귀한 보물들이 엄청나게 많고, 특히 888냥이 넘는 순금종이 수십 개나 전시된 진열관을 보노라면 은근히 부끄러움과 화가 교차되어 치밀어 오른다. 그 옛날 중국인들이 약소국들에게 얼마나 많은 금은보화들을 조공으로 강요했던가 말이다.

장개석 정권이 대만으로 피난을 갈 때에도 자금성 내에 있는 308개의 철 항아리 가운데 금동항 18개에서 도금된 금까지 다 긁어모아 트럭 몇 대분의 황금을 실어 날랐다고 하니 유달리 황금에 탐을 냈던 중국인들을 알 만하다. 지금도 자금성에 가보면 화재 비상수를 담았다던 거대한 금동항 18개가 황금도금이 긁혀진 채 남아 있어 그런 이야기가 호사가들이 지어낸 말이 아니라는 생각이 든다.

내가 묵었던 상해 위엔린판띠엔園林飯店 유리정문에도 붉은색의 '복福' 자가 거꾸로 붙여져 있었다. 중국에서는 춘지에春節(우리나라의 설)나 세모에는 상가의 출입문이나 창가에서 이런 글자를 심심찮게 찾아볼 수 있다. 바르게 붙이질 않고 왜 거꾸로 붙였냐고 물었더니 '복이 쏟아져라' 하는 뜻으로 그렇게 붙여 놓았노라는 설명에는 실소를 금치 못했다. 또 거꾸로라는 뜻의 '도倒' 는 이른다는 의미를 지닌 도到와 동음어이기 때문에 복이 들어오도록 복자를 거꾸로 붙여 놓았다는 것이다. 자본주의의 우리보다 더 물질을 탐내고 숭상하는 중국인들이 과연 '비단장사 왕서방' 으로 표상되는 까닭을 알 것 같다면 지나친 억측일까.

상해에는 볼거리가 많지만 그 중 빼놓을 수 없는 코스가 상해 박물관이다. 시내 중심 연안동로延安東路와 하남남로河南南路 남쪽에 있는 상당히 큰 빌딩이 박물관이다. 신석기 시대로부터 현대에 이르기까지 10만 6천 점이 넘는 청동기, 도자기, 회화 등이 주제별, 시대별로 나뉘어 진열되어 있다. 가히 황하문명의 진면목을 대하는 것처럼 우리를 사로잡는다. 이 가운데 2층의 청동기와 3층의 도자기들은 주로 황하와 양자강 유역의 문명을 대표하는데, 중국을 '도자기의 나라'라는 뜻의 '차이나China'라고 하는 까닭을 알 만하다.

중국은 거대한 나라이다. 좀처럼 속을 드러나 보이지 않는다는 중국인들마냥 숨어 있는 잠재력만으로도 무서운 나라이다. 겨울에서 여름까지 4계절이 동시에 걸쳐 있는 나라, 세계 4대라는 광활한 국토, 인구 13억. 아놀드 토인비가 말했듯이 동방의 문화가 서방으로, 서방에서 다시 동방으로 말없이 돌고 도는 것이 우리 인간들의 역사요, 문화란 말인가.

(1999)

힘없고 이름 없는 사람들의 아우성

8월 21일. 도크식 인천 항구를 출발하여 십수 시간만인 이튿날 오전 10시경에야 중국 웨이하이威海 항구에 닿았다. 이건 적어도 나에게만은 큰 충격적 사건이었다. 하룻밤을 선상에서 보내고 갑판 위에 오른 나에게 다가선 산동반도 웨이하이 항구는 한 폭의 평화로운 그림이었다. 모두들 갑갑한 선실에서 나와 셔터를 누르기에 여념이 없다.

이념과 체제가 다르고 수교가 이뤄지지 않은 중국 땅을 여행을 한다는 그 자체만으로도 주체하기 어려운 흥분이 일었다. 나로서는 정말 대단한 모험이었다. 몇 해 전 중국비행사가 군산에 불시착했을 때만 해도 방공사이렌이 울리고 온 나라가 얼마나 법석을 떨었던가라는 생각이 내 머리를 온통 뒤흔들고 지나갔기 때문이었다. 초등학교 시절부터 중국이라면 모택동을, 소련이라면 스탈린을 떠올리며 얼마나 무서운 나라로 인상지워졌던가. 그런 탓인지 아직까지도 마음 한 언저리에는 두려운 공포감이 일었다.

조그만 배를 타고 나와서 입국수속을 한다던 선내방송이 나왔지만, 곧바로 예정을 바꾸어서 웨이하이 항구에 접안한 뒤

수속절차를 밟겠다는 수정방송을 하고 배가 서서히 움직였다. 한적한 항구가 점점 가까워 오고 초록빛 제복에 빨간 띠의 군인 모자를 눌러쓴 병사 한두 명이 고즈넉한 부둣가를 서성이고 있다.

겉으로 보이는 이 항구는 여느 항구와 별반 다를 것이 없다. 어쩐지 낯선 이국땅이라는 생각이 들질 않는다. 산천이 우리와 다를 것이 없어서일까? 아니면 중국과 수백 년 간 문화권을 같이한 탓일까? 마침내 한 시간여의 선내 입국수속을 마치고 트랩을 내려섰다. 무더운 바람에 실려 온 이곳의 공기가 인천과는 사뭇 다른 신선하다는 느낌이 든다. 부둣가의 바닷물도 인천과는 비교가 되지 않을 정도로 맑고 깨끗하다. 아직도 자연이 이토록 훼손되지 않고 본연의 아름다움을 지니고 있다는 게 얼마나 부러운 일인지 모른다.

불과 몇 십 년 전 김포공항에 내린 외국인들이 우리나라의 맑은 하늘을 쳐다보며 원더풀을 연발했다던 생각에 이르자 공연스레 마음이 씁쓸했다. 과학화니, 산업고도화니 떠들다가 이제 강물마저 오염되어 식수조차 구하기 어려운 형편에 이른 우리나라를 생각해 보니 저절로 한숨이 나온다.

대기하고 있던 허름한 버스에 올라 웨이하이 한강조선식당으로 옮겨 점심을 들었다. 우리나라의 중국음식과는 판이하게 달라서 먹는 일이 여간 어렵지 않았다. 넘쳐흐르는 기름기와 야릇한 냄새가 비위를 거슬린다.

점심을 마치고 우린 북경을 가기 위해 웨이하이 공항을 향하여 한 시간여를 달렸다. 차창으로 스치는 산야는 우리나라 50년대처럼 벌거숭이 산들이다. 유달리 많은 옥수수 밭이 끝없이 이어진다. 그렇게 얼마를 달리니 부역하는 사람들이 진흙을 산더미처럼 쌓아놓고 물차까지 동원하여 흡사 아스팔트 포장을 하듯이 길을 닦고 있다. 웨이하이 공항에 도착하니 즐비하게 늘어선 미루나무 위에서 쓰르라미들이 여름 한나절의 적막을 깨뜨리고 있다. 공항 대합실의 천장은 합판을 잘라 사각으로 이었는데 너무나 허술했다.

35인승 경비행기가 2시간 이상 북경의 난위엔南苑 공항을 향해 비행하였다. 프로펠러 소리가 너무 시끄러워 귀까지 먹먹해지고 몹시 불안하다. 그렇지만 기내에서 내려다 본 중국은 나의 상상을 차단하리만큼 경악스러웠다고 해야 하는 편이 옳았다. 사람의 발길이 닿는 곳이라면 산봉우리까지 개간한 등고선 같은 전답이 그랬고, 유휴지 하나 없이 바둑판처럼 잘 정리된 농경지가 그러했다. 더구나 농로를 따라 가지런히 정돈된 농경지들이 엄청난 중국인들의 노동의 결과라는 생각에 이르자, 섬뜩한 공포감마저 일었다.

군데군데 일정한 규격의 취락들이 인위적으로 이루어져 있고, 논두렁이나 마을 둘레엔 나무를 심어 녹화에 힘쓰고 있었다. 이러한 중국 국토의 모습은 북경에 이르는 동안에도 거의 변함 없이 한결같아 보였다. 누군가가 중국을 '죽의 장막'이라 일컬었듯이 2차 대전 후 우리와는 무서운 적으로만 인식되도록 그렇게 교육을 받아온 나로서는 정말 커다란 충격이 아닐 수 없었다. 그렇게 굳게 닫혀진 장막을 거두고 졸지에 중국을 여행한다는 게 어디 상상이나 할 수 있었던가.

북경 근교의 난위엔 공항을 나서면서도 이런 흥분은 가시질 않았다. 카키색 제복을 입고 빨간 견장을 단 출입국 관리가 딱딱하고 무섭게 느껴진다. 황금색 오성五星이 박힌 섬뜩한 주홍색 깃발이 기막히게 투명한 코발트빛 하늘가에 나부끼는 것도 공포로움을 더해 주었다. 그러나 여행 백을 찾아 공항을 나서는 순간, 이러한 나의 생각에 일대혼란이 일기 시작했다. 웃통을 벗은 사람들이 공항 객사 밖에 아무렇지 않은 듯 여기저기 앉거나 걸어가고 있었고, 팬츠만 걸친 철로 간수가 의자에 앉아 졸고 있었기 때문이었다.

북경의 '21세기 호텔'까지 가는 길은 수십 년의 수령을 지닌 백양나무와 버드나무들이 두 겹, 세 겹 가로수로 서 있어 차창 밖에 흐르는 길은 흡사 녹색의 터널 그것이었다. 그런 길을 얼마쯤 달리니 도심의 고층 건물들의 행렬이 차창 밖으로 다가섰다간 물러선다. 드넓은 4, 5차선의 차도 옆엔 거리를 메운 자전거 행렬이 오히려 어지럽다.

호텔에서 여장을 풀고 학생들과 곤륜호텔의 나이트클럽으로 갔다. 관광수입을 늘리기 위해 지은 거대한 호텔이었다. 우리나라의 그것과 하나도 다를 것이 없다는 생각이 든다. 중국엔 로마자 계통의 이름은 찾아보기 힘들다. 호텔의 이름조차 '삥관賓館' 혹은 '빤디엔飯店'이라 하여 외국문화를 자국문화에 여과시켜서 받아들이는 중국이 과연 대국이라는 생각이 든다.

북경에 도착한 이틀간은 주마간산 격으로 중국의 수천 년 역사를 더듬어 보았다. 그 유명한 모택동 기념관 앞에는 "인민 영웅은 영원히 사라지지 않고 우뚝 서 있다(人民英雄垂不朽)."는 비석이 하늘을 찌를 듯이 서 있다.

천안문 광장, 이와 마주한 명·청의 고궁인 자금성, 천자天子로서 하늘에 제를 올린 천단, 진시황 때 장성을 쌓기 위해 부역 나간 남편을 기다리다 남편의 부음을 듣고 눈물을 흘리자 그 눈물로 장성이 무너졌다는 맹강녀孟姜女의 전설을 간직한 만리장성, 지하궁전 명 13릉, 인공호수로 조경된 거대한 이화원, 수령 2천 년이 된다는 울창한 편백수림의 공자묘, 찬란한 중국문명을 한눈에 볼 수 있도록 전시한 상해박물관, 윤봉길 의사의 정기와 충혼이 서린 홍구공원 등 실로 거대한 중국을 실감케 하는데 충분했다.

특히 천단의 기년전祈年殿 오른편엔 주변국들이 머리를 조아려 조공을 바쳤다는 조공로가 눈길을 멈추게 했다. 바로 이곳에서 우리네 할아버지들이 머리를 조아리고 조공을 바쳤을 거라는 야릇한 부끄러움을 떨칠 수 없었다.

어디를 가든 발 디딜 틈조차 없이 붐비는 인파와 삼삼오오 짝을 지어 아무데서나 먹고 마시는 중국인들이 우물 안 개구리처럼 살아온 우리들로서는 도저히 납득이 되질 않았다. 안내 깃발을 부지런히 따라다니며 교과서적인 안내자의 설명도 빼놓지 않고 메모하느라 정신이 없었지만, 나로서는 도저히 이해할 수 없는 일들이 너무도 많았다.

이번 주어진 중국여행은 적어도 나에게만은 하나의 충격, 그것의 연속이었다. 그것은 예나 지금이나 힘없고 이름 없는 사람들의 아우성과 피와 땀과 죽음이 그 화려하고 웅장한 유적의 한켠에 깔려 신음하고 있다는 서글픈 생각을 떨칠 수가 없었기 때문이었다.

(1992)

천둥소리 나이아가라

워싱턴에서 1시간 정도를 비행하면 뉴욕 주 버팔로에 이른다. 여긴 나이아가라 폭포를 사이에 둔 캐나다와 접경지대다. 휴런호, 온타리오 호, 미시건 호, 이리 호, 슈피리어 호의 5대호. 초등학교 시절, 사회책 속에서 열심히 암기했던 캐나다의 호수다.

3500피트 고공에서 내려다보아도 그건 분명 호수가 아니라 바다였다. 그 중에서 가장 작다는 온타리오 호가 우리나라 남한 면적의 반절이 넘는다고 하니 두말할 필요가 뭐 있겠는가.

가이드의 말처럼 'Homes' 만을 떠올린다면 5대호를 외우는데 그렇게 많은 시간을 낭비하지 않아도 좋았을 텐데. 나를 가르쳤던 선생님은 그런 요령이 없었나 보다. '홈스' 의 이니셜 문자만 떠올린다면 그까짓 5대호쯤을 외우는 건 식은 죽 먹기였을 것을.

이리 호에서 온타리어 호로 흘러내리면서 이뤄진 폭포가 그 유명한 나이아가라 폭포란다. 이리 호의 호숫물이 엄청난 강물이 되어 염소 모양을 한 고트 섬에서 나뉘어 흐르다가 두 개의 아메리칸 폭포와 호스슈 폭포를 이룬다. 어찌나 강물이 맑은지 강바닥이 유리알처럼 환하게 들여다 보이고 강물의 유속流速이 현기증이 일 정도로 빠르기가 이를 데 없다. 잘못하여 실족이라도 하면 금방이라도 폭포에 떨어져서 시신 한 조각도 건질 수 없을 것이라는 생각에 두려움이 다가선다.

나이아가라는 인디언 원주민말로 '천둥의 소리'라는 뜻이라고 한다. 아닌 게 아니라 지척에서 하는 말소리조차 그 폭포가 모두 삼켜버려 하나도 들리지 않는다.

지축을 흔드는 소리, 하늘을 치솟는 하얀 물보라, 언제나 그림처럼 떠있는 쌍무지개. 정말 조화옹이 아니면 연출할 수 없는 신묘神妙, 신화神話, 마력魔力 그것이었다.

여기선 인간의 언어도 그 효용을 잃는다. 무슨 수사修辭로도 그 형용을 허락지 않는다. 이념도 철학도 다 소용없다. 그저 그 폭포 속으로 넋을 잃고 한없이 빨려들어 간다. 그래서 그 폭포 속으로 몸을 던지고픈 욕망이 이는가 보다.

언젠가 오크나무 술통에 들어가 60여 명이 이 폭포에 떨어졌으나, 대부분 죽고 그 가운데 겨우 16명만 살아남았다니 그럴 만도 하다. 유난히도 모험과 개척을 좋아하는 그들이기 때문에 인생을 걸면서 그런 무모한 장난(?)을 할 수도 있을 거라 생각했다.

하지만 나이아가라 폭포는 삼천갑자 동방삭이의 '3년 고개' 마냥 사람을 젊게 하는 마력이 있단다. 나이아가라는 "나이야, 가라!", "나이야, 가라!"라고 수천 년, 수만 년을 천둥소리마냥 그렇게 이 세상 사람들을 향해 우렁차게 외치며 흘러가기 때문이라는 가이드의 허랑한 개그가 뇌리를 스치고 지나간다. 정말이지 온갖 세상 모든 번뇌를 그 맑고 깨끗하기 그지없는 나이아가라 폭포에 일순간 모두다 씻어버릴 수만 있다면야 그럴 수 있으련만.

(2001)

하찮은 인간들의 좁은 가슴

한 이태 전 일이다. 비비새와 비슷한 한 쌍의 이름 모를 새가 날아와 연방 식당 창가에 머리를 부딪곤 했다. 하루, 이틀, 사흘… 몇날 며칠이고 반복되다 보니 부리에서 나온 타액唾液으로 유리창이 어지럽게 얼룩져 있다. 시집을 보내 놓고도 늘 딸들이 잘살고 있는지 궁금하고 또 보고도 싶은지 가끔 들르시는 장모님이 창가에 부딪히는 그 새를 보고 "쯧쯧! 알을 날 모양인디 낳을 둥지가 없는게벼."라고 애처로워하신다.

그 때 난 그 새가 어떤 새인지도 잘 몰랐지만, 장모님의 혀 차는 소리를 듣고는 마음이 찡했다. 사실 온갖 집들이 딱딱하고도 단단한 시멘트 제재로 이루어진 것들 뿐이니 옛날처럼 처마 끝에 보금자리를 틀었던 참새집도 찾아보기 힘들다. 그리고 여름날엔 매미의 울음소리마저 뜸해진 형편이고 보면 정겹고 따스했던 옛 향수에 젖어들 수밖에 없다.

어느 일요일, 난 큰애와 판자조각을 주워모아 조그만 새집을 만들어서 신록으로 우거진 목련나무 위에 높다랗게 달아주었다. 그리고 몇 년이나 흘렀는지 모르지만 그 우아하게 눈부신 목련이 다 지고 난 어느 봄날, 풍우에 씻겨 형편없이 낡

아버린 새집에 눈길이 멈추어졌다. 목련나무엔 연둣빛 이파리들이 앙증스런 어린아이의 아기 손처럼 여기저기 돋아나고 있었다. 아무 쓸모가 없는 새집을 떼어버리기 위해 높은 사닥다리를 기대어 놓았다.

가까스로 기어올라 힘겹게 새집을 떼어보았다. 그것도 보금자리라고 제법 풀잎이며 지푸라기 등을 주워모아 둥지를 틀고 새들의 살림살이를 한 흔적이 역력했다. 참 신기하기도 했다. 떼어버리려 했던 새집을 다시 못을 박고 손질하여 나뭇가지에 잘 매달아 두었다. 철사로 매두었던 목련나무도 힘들여 그 철사를 빼내어 주었다.

어느 것이고 생명은 신비롭지 않은 게 없다. 수액이 흐르는 겉껍질을 철사가 그렇게 단단히 압박했어도 그걸 대수롭잖은 듯 말없이 의연하게도 이겨냈다. 그리고 아무렇지 않은 듯 봄이 오면 땅속의 수액을 빨아올려 꽃을 피우고 잎을 피워내는 자연의 순리가 경이롭다.

그런 엄청난 간난과 고통 속에서도 자연은 아무런 저항도 없이 묵묵히 제 할 일만 충실히 수행을 한다. 해가 지면 밤이 깊어지고, 밤이 깊으면 또 새벽이 온다. 이 자연의 어김없는 순환은 언제부터일까. 태초에 무한한 우주가 열리고 그 곳에 생물이 뿌리를 내려 유한한 삶을 영위하게 된 것은 도대체 언제쯤이었을까? 작년에 날아들었던 이름 모를 그 새도 작년 그 새는 아니었을 테고, 창 밖에서 울어제끼던 개구리도 작년의 그 개구리가 아니었을 것인데.

아무리 역사의 시간을 거꾸로 셈하여 올려 수천 년 수억 년으로 거슬러 올려보아도 이 우주의 생성은 알 길이 없고, 거기에 뿌리를 내려 살고 있는 생물의 기원을 더더욱 상고詳考할 길이 없다. 찰스 다윈의 진화론적인 이론도, 만물의 생성 기원이 아메바였다는 이론으로도 이 신비를 분석해낼 길이 없다. 과학의 한계에 부딪힌 이들은 이 신비스러운 세계를 종교적인 어떤 절대자에 국한하여 해결하려고 노력해 왔었지만, 그것으로도 시원한 해답을 얻어내긴 힘들다.

지난겨울 로스앤젤레스에서 ㅈ대 ㅊ박사와 함께 파트너가 되어 애리조나 주에 있는 그랜드캐년을 다녀왔다. 아무 쓸모도 없는 사막을 인공의 힘을 빌려 낙원으로 개척한 로스앤젤레스는 본디 금은을 캐기 위해 서부로 역마차를 타고 달려온 동부인들의 종착지였다고 한다. 그래서 이 도시를 안고 있는 캘리포니아 주를 속칭 골든스테이트 주라고도 부른다고 한다.

더 이상 새로운 세계로 진출하지 못하고 서부의 끝에 도달한 이들은 오도 가도 못하고 그 사막의 땅에 주저앉을 수밖에 없었다고 한다. 척박한 사막을 필사의 노력으로 갈고 가꾸어 농사를 짓고 살 수 있는 땅으로 개척한 결과, 지금은 길가의 수목이나 풀 한 포기에 이르기까지 스프링클러를 작동시켜 푸른 도시를 만들었다. 하여 황량한 사막의 땅을 풍요로운 낙원으로 바꾸어 놓았으니 그들의 피나는 개척정신이 과연 영화로만 보아온 것처럼 자이언트라는 생각을 떨칠 수가 없다.

캘리포니아 주는 고속버스로 몇 시간을 가고 또 가도 끝이 없는, 버림받은 사막의 땅이 펼쳐진다. 아니 풀인지 나무인지조차 알 수 없는 이름 모를 식물들이 말라비틀어진 채 목마르게 하늘을 이고 서 있다. 사이사이로 선인장들이 모듬 모듬

서 있고 도로변에는 동물보호용 철망이 길을 따라 줄지어 있다. 서부영화에서 보았던 낯익은 배경이다. 금방이라도 저 능선 너머로 말을 탄 서부기사들이 뽀오얀 먼지를 일으키며 달려올 것만 같다. 여기가 바로 서부인들의 개척종착지인 오하비 사막이고 여기에 형성된 마을이 빅토리아빌이라고 했다.

예닐곱 시간 넘어 달리니 사막은 온데간데없고, 제법 초원도 보이고 멀리 가까이에 미국형 소나무가 군데군데 선을 보이기 시작한다. 얼마쯤이나 달렸는지 희끗희끗 눈들이 보이고 젖소들이 떼 지어 풀을 뜯고 있는 광경이 펼쳐졌다. 여기가 해발 2500m나 되는 드높은 고원인데, 얼마만 더 가면 그랜드캐년으로 가는 끝 마을 윌리엄스가 있다고 한다.

차츰 기온이 떨어지고 창가엔 성에가 낀다. 울창한 송림이 펼쳐지면서 산야가 온통 몇 자가 넘는 눈으로 덮여 있다. 불과 몇 시간 전 땡볕이 내리쬐던 사막과는 사뭇 대조적으로 북극에 와 있는 느낌이다. 모텔 앞 시계탑의 그림자가 길어지고 해가 질 무렵에 아담한 시골마을 윌리엄스에 도착하여 여장을 풀었다. 몹시 매서운 겨울날씨다. 만리타국에 발자국을 남기고 고국을 그리워하며 가족에게 쓴 그림엽서를 부치고 잠자리에 들었다.

이튿날 아침, 일행들과 아침을 간단히 들고 그랜드캐년을 향하였다. 마을을 지나니 눈 덮인 설원이 전개되고 간간이 소나무들이 열병하듯 늘어서 있다. 소나무 사이로 빠져나온 아침햇살이 눈부시게 흰 눈 위에 부서진다. 서너 시간쯤 달리니 상상조차 어려운 거대한 협곡 그랜드캐년이 차창 밖에 펼쳐진다. 모두들 탄성을 지르며 하차를 했다.

이 거대한 골짜기는 1540년 스페인 사람 존 로페스 카리나스가 금광을 찾기 위해 애리조나 주에 왔다가 최초로 발견했다고 한다. 협곡의 길이가 자그마치 450km에 이르고 폭이 13km, 골짜기 높이가 1.7km에 달한다니 과연 그랜드캐년이라고 명명할 법하다. 거금 6500만 년 전 빙하기 때 지각변동에 의해 융기하고 갈라져서 이런 협곡이 형성됐다고 하니 그 그로테스크한 규모에 무량한 절대자 하나님의 조화를 생각지 않을 수 없다.

오 리가 넘는 깊은 골짜기에 감감하게 보이는 가느다란 황토 빛의 강이 콜로라도 강이란다. 콜로라도란 말은 적갈색이라는 스페인어라고 하는데 이 강의 유속이 초속 6.8m라고 하니, 계곡이 엄청난 침식에 따라 자연 거대한 콜로라도 강의 이적異蹟을 낳을 수밖에 없었을 것이라는 생각이 든다.

이 거대한 자연의 조화에 하찮은 인간들의 좁은 가슴을 비춰보았다. 한낱 개미 떼들의 모듬사회 같은 인간세계가 몹시 왜소해 보인다. 더더군다나 인생은 이러한 자연과 논할 것이 못된다. 이 엄연한 자연의 순리를 어느 누가 있어 거역할 수 있다던가?

(1988)

톨 강가의 승마와 낚시

몽골에 온 지 이틀 후 울란바타르 교외로 소풍을 갔다. 한 시간쯤을 좁은 도로를 따라 달리니 이름 모를 들꽃이 드넓게 펼쳐진 광활한 벌판에 이르고, 그 너머엔 둥글둥글한 바위산들이 청자 빛 하늘을 머리에 이고 있다. 울란바타르완 사뭇 다른 참 아름다운 정경이다. 그리고 얼마만큼 달리다가 온갖 풀들이 꽃처럼 예쁜 초원에 차를 멈추고 맑은 시원한 공기를 마시면서 한숨을 돌리었다.

울란바타르 대학과 협력관계를 주도하는 ㄱ교수가 풀 한 포기를 뽑아들고 내게로 왔다. 이곳에 자생하는 '부추'라고 했다. 부추는 지방에 따라 '솔' 또는 '정구지'라고도 부른다. 옛날 어떤 아낙네가 이 채소는 남자의 기氣를 돕는 효능이 있으므로 급기야 외간여자를 넘본다 하여 담 밖으로 뽑아버려야 한다는 뜻으로 월담초라고 했더란다.

눈을 들어 풀 속을 보니 천연 부추가 지천으로 깔려 있다. 참으로 신기했다. 우리 일행이 모두 손에 잡히는 대로 뜯었는데, 모아보니 한 끼 정도는 너끈할 것 같았다.

잠시 숨을 고르고 다시 차에 올라 얼마쯤 달렸다. 길 옆에 우리말로 된 '아리랑 하우스' 라는 안내판이 눈에 확 들어왔다. 참 반가웠다. 우린 그 곳에서 송어매운탕으로 점심을 하기로 했다. 그리고 우리가 캐온 부추를 무쳐서 시식을 하였다. 우리나라에서 재배된 것과는 달리 약간 매운맛이 났지만, 순수한 천연의 맛을 느낄 수 있어 모두들 즐거워했다.

점심을 마치고 몽골의 말을 타보자고 했다. 내 인생에서 최초의 모험이지만 용감하게 동참하기로 했다. 난생처음 말을 타 보는 첫 경험이라 모두들 두려워했다. 하지만 몽골에서의 승마야말로 정말 나에겐 경이적이고도 이색적인 일이 아닐 수 없었다. 사전 아무런 교육도 없이 말에 올랐다.

말을 탄 채로 강물을 건너 강변 가를 잰걸음으로 뛰었다. 극성스런 쉬파리 떼들이 말들을 에워싸고 흡혈을 한다. 말의 코 부분이 공격의 대상이다. 어떤 말은 쉬파리 떼들의 공격을 받아 코 주위가 진홍색 선혈로 낭자했다. 다른 부위는 털 때문에 피를 빨기엔 쉽지 않기 때문일 게다. 그런데 발 복숭아뼈가 따끔거리고 몹시 가려웠다. 내려다보니 역시 쉬파리 몇 마리가 양말을 뚫고 피를 빨고 있다. 채찍을 휘둘러 쫓아도 아랑곳하지 않는다.

그렇게 한 시간 이상을 가다가 막다른 골짜기에 이르렀다. 말에서 내려 강낚시를 하잔다. 맑은 강물에는 고기들의 움직임을 전혀 찾아볼 길이 없다. 강물에 손을 담그니 얼음장처럼 차다. 당나라 시인 유종원의 「강설江雪」이란 시구가 머리를 스쳐 지나간다.

온산엔 나는 새도 그쳐 있고

세상 모든 길은 인적 없이 적막하네
외로운 고깃배에 삿갓 쓴 늙은 어부
눈 내리는 차가운 강물 위에서 홀로 낚시질하네

물이 이렇게 차니 고기들이 살 수가 있을 것 같질 않았다. 하니 찬물을 좋아하는 어류만 있을 것이므로 다른 물고기들을 볼 수가 없는 건 당연하다. 이 강은 멀리 퀸티 산맥에서 흘러내려 바이칼 호까지 2000킬로 이상 흐르는 톨 강이란다.

점심때 들려준 음식점 주인의 말로는 이 강물엔 송어가 많다고 했다. 동행한 ㄱ교수가 미리 준비해 온 두서넛의 릴낚시를 강물에 던졌다. 그러나 아무리 기다려도 입질은 말할 나위 없고 물고기 한 마리 구경조차 할 수가 없다. 한동안 정적이 흘렀다. 해가 뉘엿뉘엿 질 무렵 누군가가 송어를 낚았다고 환성을 질렀다.

사람들은 소리 나는 쪽으로 우루루 몰려갔다. 정말 팔뚝만 한 송어가 낚시에 매달려 강가로 끌려나오고 있었다. 너도나도 어린애마냥 즐거워 어쩔 줄을 몰랐다. 그리고 얼마쯤 뒤에 다른 낚시꾼에게서도 똑같은 일이 벌어지고 있었다. 정말 신기하고 흥미로웠다. 이국만리 몽골 땅에 와서 난생처음 승마를 하고, 이런 강태공의 즐거움을 누릴 수 있었다는 건 얼마나 행복스런 일인가.

10시를 넘기니 석양의 그림자가 길게 내려앉는다. 쉬파리 떼도 극성이려니와 모기떼들의 무차별적인 공격을 더 이상 감당해낼 길이 없다. 모든 걸 마무리하고 돌아가자고 했다. 몽골에서의 하루가 그렇게 옹골질 수가 없었다.

몽골에서 팔뚝만 한 송어를 두 마리씩이나 낚아 들고 말을 타고 승승장구한 개선장군처럼 오던 길을 되돌아왔다. 엉덩이가 몹시 아프고 힘들었지만, 몽골 톨 강 가의 승마와 낚시는 아름다운 그림으로 내 가슴에 영원히 걸려 있으리라는 생각을 하면서.

(2006)

호주 웨스턴시드니 대학

뉴질랜드 수도 웰링턴에 위치한 빅토리아 대학과 탈마스턴노스에 있는 매시 대학을 시찰한 우리 일행은 호주의 웨스턴시드니 대학을 시찰하기 위해 6월28일 웰링턴 공항을 출발하였다. 한 시간 반을 비행한 후에야 시드니 공항에 도착하여 본다이비치라는 바닷가에 자리한 스위스그랜드 호텔에 여장을 풀 수 있었다.

이튿날 아침 TV뉴스를 본 일행이 서울에서 삼풍백화점이 붕괴되었다는 소식을 전달했다. 아직 성수대교 참사의 충격이 채 가시기도 전이라 모두들 탄식과 자조自嘲로 참담한 심경들을 토로했다. 간단한 양식으로 아침을 마치고 곧바로 웨스턴시드니 대학이 있는 캠블타운으로 향하였다.

아침 출근시간대여서 혹여 트래픽을 걱정하여 일찍 출발했으나, 약속시간보다 훨씬 이른 시간에 도착하였다. 그러나 대학 측에서는 이른 아침부터 우리를 맞을 준비를 했던 터라, 곧바로 회의실로 들어갈 수 있었다. 세계대학총장회의에서 우리 대학 총장을 만났다는 데이비드바르 부총장이 우리 대학 총장과 함께 찍은 사진을 내보이면서 친절하게 대학 소개를 하였다.

웨스턴시드니 대학은 어디를 가든 컴퓨터, 오버헤드, 스크린, 화이트보드 등 첨단교육기자재가 빠짐없이 설치된 것도 퍽 인상적이었다. 애초 3개의 컬리지를 연합하여 대학을 만들었는데 각 대학에는 부총장을 두어서 운영하는 거의 모두가 주립대학이라 했다.

이 대학의 학생수는 6천4백 명 정도인데 이 가운데 외국인은 1백64명, 학부 학생이 5천 명, 대학원생이 1천 명 정도가 되는 규모의 대학으로 호주에서는 열 번째 안에 드는 큰 대학이라고 자랑을 했다. 사회과학대학, 경영기술대학, 교육대학, 보건대학, 법과대학 등 5개 대학이 1백60㏊의 광활한 캠퍼스에 그림처럼 자리하고 있었고, 드넓은 골프장이 교정에 설치되어 있는 것도 인상적이었다.

마침 웨스턴시드니엔 컴퓨터와 심리학을 전공하는 한국인 교수가 두 분 있는데 한 교수는 졸업생과 신입생 등이 평가한 교수평가에서 호주 최우수 교수로 뽑혔고, 그 결과 우리나라 대통령으로부터 표창까지 받았다고 소개를 하였다. 데이비드 바르 부총장은 한국의 대학총장들이 교수, 학생의 교류나 공동연구 등 실제적인 협력활동을 안하면서 정책적인 결연만을 서두른다는 지적도 빼놓질 않았다.

영국이나 그 연방인 호주의 대학에는 정식교수란 겨우 10명 미만 정도이고 대부분의 교수는 시니어 렉춰들이며, 부교수급인 어소시에트 프로페서가 학장급이라 하니 우리나라와는 상당한 차이가 있다. 학생등록금은 8, 9할이 국비로 충당되고 학생들은 연간 2천 불(약 1백20만 원)정도라고 하니 호주의 대학들이 부러웠다. 최근 들어 한국이 자국에서는 세 번째 안에 드는 교역국으로 부상되면서 대학에서도 한국어 인터프리테이셔너를 양성하는 교과과정도 고려하고 있다는 설명을 들으면서 세계화에 발 빠르게 대처하고 있는 모습에 만감이 교차되었다.

학교소개가 끝나고 우리 일행은 도서관과 법과대학, 법과대학 부설의 모의법정, 경영기술대학의 실험 실습과 교육대학 등을 시찰하였다. 개가제로 확보된 양질의 수많은 도서, 컴퓨터를 통한 첨단자동화, 강의실까지 전송되는 멀티비전 등 가히 탄성을 지를 만한 첨단세계 미래도서관의 전형 그것이었다. 모든 자료가 시디롬에 입력되다 보니 서고나 열람실이라는 공간이 필요 없는, 책 없는 미래도서관의 모습이 연상되었다.

마침 작년도에 발행된 세계 4백50여 종의 저널을 입력한 모델 중에서 한국분야를 보여주었는데 공교롭게도 '어글리 코리안 트레블러스'의 목록이 눈에 띄어 얼굴을 후끈거리게 했다. 곧바로 법과대학에 부설된 모의법정으로 안내되었다. 캠블타운의 법정을 그대로 복사 설계했다는데, 호주에서 가장 훌륭하다는 자찬까지 곁들였다. 그들의 제의대로 우리들은 그 법정에서 기념촬영도 했다.

다음으로 이어진 곳은 경영기술대학의 실습관이었다. 웬만한 자동차 서비스공장을 연상케 하면서도 깨끗하게 정돈된 실습실, 어디를 가나 설치된 PC, 수십 대의 컴퓨터가 연결된 여러 개의 부속 실습실들, 정말 이런 곳에서라야 이론과 실제가 조화를 이루는 가장 효율적인 교육활동이 가능할 것이라는 부러움과 더불어 부끄러움이 교차되었다.

교육대학. 이는 우리나라의 사범대학에 해당된다. 그들은 컬리지라는 말 대신에 '훼컬티'라는 말로 대신하여 '훼컬티 오브 에듀케이션'이라 했다. 호주에서는 '컬리지'라는 말이 각종 학교나 고등학교를 지칭하기 때문이란다. 여기에서는 초등교사 자격과 중등교사 자격으로 나눠지는데 초등은 3년, 중등은 4년 간의 이수과정을 거쳐야만 한다는 것이다.

뉴질랜드나 호주에 있는 대학들은 모두 호텔처럼 깨끗하고 시설이나 기자재 등에 많은 투자를 하여 최상의 교육환경을 만들어 가는 그들이 부러웠다. 어디를 가나 두툼한 카페트가 깨끗하게 깔려 있고, 우리나라와 같은 어지럽고 지저분한 게시물은 찾아볼 수도 없었다.

과연 참다운 인간교육의 길이 나라와 국민이 행복할 수 있고, 국민이 진정한 주인으로 대우를 받는 그런 복지국가를 이룰 수 있다는 귀중한 교훈을 얻을 수 있었다. 그리고 인간이 가장 존귀한 존재로 대접받고 있는 민주주의를 이 두 나라의 대학들에게서 체득할 수 있었다.

(1995)

5. 금강산은 저만치 그대로

백두산
적멸의 고요
울릉도 가는 길
금강산은 저만치 그대로
천왕봉기 1
천왕봉기 2
한라산 등정 1
한라산 등정 2

발문 | 전일환의 수필세계 —날선비의 온고지신 | 황송문

백두산

백두산. 백두산은 우리 민족과 국가의 시원始原을 이룬 영산靈山이다. 그런 신령스러운 산이니 만치 우리나라 사람들이라면 누구나 한 번쯤 가보고 싶은 간절한 소망을 안고 있다. 듣기만 해도, 상상만 해도 백두산을 오른다는 사실 하나만 가지고도 가슴 벅차 오른다. 남북분단으로 가로막히고, 이념이니 사상이니 하는 것들이 방해하여 백두산 등정이란 꿈속에서도 불가능한 일이었다.

그런데 죽의 장막이라던 중공이 어느 틈엔가 슬그머니 중국으로 대치되면서 만리장성 가는 길도, 백두산 가는 길도 활짝 열렸다. 고국에 계신 노모님과 아들녀석을 불러들이고 친구들을 불러 백두산 등정 길에 올랐다.

베이징에서 백두산을 오르려면 연길을 거쳐야 하는데 기차나 비행기 편을 이용할 수 있다. 기차는 쾌속열차로도 만 26시간 이상이나 걸린다. 귀국날짜가 임박한 우리들은 왕복비행기편을 이용키로 했다.

베이징 공항에서 연길까지 두어 시간쯤 소요된다. 중국민항은 우리나라 KAL이나 아시아나처럼 서비스가 다양하지 못하다. 자상한 안내나 서비스도 없고, 음료수와 땅콩스낵을 나눠 주는 것이 고작이다.

황량한 중국대륙을 한 시간여 비행했을까? 울창한 송림과 푸른 논밭이 파아란 융단을 깔아놓은 듯 아름다운 산야가 내려다보인다. 벌써 중국의 동북부에 다다른 모양이다. 먼 옛날 우리 민족이 터를 잡고 우리 문화를 뿌리내린 곳이다.

하지만 중국인들은 이곳의 고구려 역사를 자기네 변방족의 역사라 고집하고 있다. 조선의 역사가 아니고, 중국 변방족의 역사라니 너무도 기가 막힌 일이 아닐 수 없다.

이곳은 땅이 기름지고 기후가 좋아 온갖 농산물이 풍성할 뿐만 아니라, 그 맛도 중국에서 제일이란다. 특히 이곳에서 생산되는 동북미는 중국에서 가장 질 좋은 쌀로 평가되어 비싼 값에 팔리고 있다. 어디 농산물뿐이랴. 이곳 사람들은 남방 사람에 비해 기골이 장대하고 씩씩하기가 이를 데 없어 잘생긴 남자들에겐 으레 동북사람이냐고 묻는 게 일쑤다.

중국대륙은 펄벅의 소설 『대지大地』가 말해 주듯 광활한 국토로 구성되어 있다. 끝없이 황량하게 펼쳐진 벌판이 있는가 하면, 가도가도 모래 언덕뿐인 사막도 있고, 하늘 끝에 닿은 넓디넓은 초원과 기름진 땅도 많다. 그런 만큼 중국은 각종 부존자원들이 풍부하다. 13억이 넘는 엄청난 인구도 빼놓을 수 없는 인적자원이다.

재작년 여름 양자 강이 넘쳐 엄청난 홍수가 났을 때 수많은 군인들을 동원하여 홍수의 재해를 막아낸 일도 바로 넘쳐나는 인적자원이 있었기 때문에 가능한 일이었다. 오죽했으면 중국의 13억 인구가 양자 강가에서 소변을 본다면 서해바다 높이가 암만이나 올라가고 만다는 우스갯소리까지 나왔을까 싶다.

이런저런 생각에 잠기다 보니 연길 공항이 내려다보인다. '연길공항延吉空港'이라 한자로 표기해 놓고도 한글로 '연길공항'이라 병기倂記해 놓은 게 참으로 신기했다. 중국은 자치주에서 주민들이 그들의 고유한 언어문자를 그대로 사용하는 것을 인정하기 때문에 반드시 한자와 더불어 같이 쓰도록 하고 있단다. 그만큼 중국에서는 민족 나름대로 자율성이 보장되는 합리적인 나라라고도 할 수 있다.

연길은 조선족 자치주인 연변주의 중심지다. 220만 명의 연변인구 가운데 49% 정도가 조선족이라고 하는데, 연길은 연변보다 많은 60%가량인 약 35만 명이 넘는 조선족이 산다고 했다. 공항에서는 스피커를 통해 중국어와 우리말로 안내방송을 하고 있었다.

참 묘한 생각이 든다. 이래서 여행이란 언제나 새로운 것에 대한 신기함을 더해주기 때문에 짜릿한 매력이 있나 보다. 대기해 있는 버스를 타고 시내로 들어가는데 곳곳의 간판들이 한글과 한자로 병기되어 있다. 우리나라처럼 노래방도 많고 '개장국'이라 간판을 내건 보신탕집들도 많이 눈에 띈다.

우린 '백산호텔'에 여장을 푼 다음, 마중 나온 베이징 대학 제자의 안내로 시내를 드라이브했다. 보신탕 골목도 가보고 여기저기 안내를 받아 두루두루 돌아보았다. 숙소로 돌아오자, 운전기사가 차에서 내리더니 제자가 준비했다는 수박이며 참외 등 과일 한 보따리를 내려놓았다. 한족 제자이지만 그 마음이 너무 따뜻했다. 몇 년 전까지만 해도 우리들도 그랬는데라는 마음이 들어 세상이 너무도 빠르게 변한다는 생각이 들었다.

이튿날 아침, 우리 일행은 백두산 등정을 위해 버스에 올랐다. 연길에서 백두산을 오르려면 화룡과 안도, 이도백하, 삼도백하三渡白河를 지나야 한다. 백두산 입구인 산문山門에 이르면 고산능선을 오르기 위해 특수제작한 고산형 지프를 타야 한다. 연길은 해발 400m에 불과하지만 산문은 해발 1600m이고, 이곳까지는 238km가 넘는 장거리이기 때문에 적어도 5시간 이상을 달려야만 한다.

안도 현으로 들어가는 입구엔 흡사 일제 때 관동군이 주둔하던 곳에 설치된 것과 같은 자연목 차단장치를 만들어 놓고 '길세'를 징수하고 있었다. 이곳을 지나니 산천이 우리와 하나도 다를 게 없어 이국異國이라는 낯선 감을 느낄 수가 없었다. 자연스럽게 어우러진 논둑길이며 초가지붕의 가옥들이 60년대 우리의 농촌과 똑같았다.

다만 벽에 하얀 회칠을 하지 않고 적벽돌로 쌓은 집들은 조선족이 사는 게 아니라 한족들이 사는 집이라 했다. 나무로 엮어 만든 사립문과 울타리가 조금도 낯설지 않고, 논에서 김매는 농부의 정경이 영락없는 우리나라 농촌의 평화로운 그림 그것이었다.

족대로 고기를 잡는 시냇가 밭 언덕엔 흰색과 가지 빛의 감자꽃이 흐드러지게 피어 있다. 길가에 늘어선 달맞이꽃과 고개를 숙이고 서 있는 수수밭, 둑길 따라 누렁이 황소가 한가로이 풀을 뜯고 있는 정경은 그대로 한 폭의 풍경화였다.

안도현에서 시냇물이 흐르는 비포장 길을 따라 얼마를 갔을까? 연길에서 5시간여를 달려서 백두산 입구로 들어가는 산문山門에 이르렀다. 산문은 말 그대로 백두산으로 들어가는 입구다. 여기서 얼마쯤 더 달리면 타고 온 버스로는 더 이상 오를 수 없는 백두산 밑 끝자락에 다다른다. 백두산 천지에 오르려면 등산용으로 특수 개조한 일제 지프를 여기서 갈아타야 한다.

멀리 그림으로만 보아왔던 장백폭포가 지축을 흔들 것처럼 우렁차게 천지의 물을 쏟아내고 있다. 산악등반용 지프를 기다리는 시간에 장백폭포를 먼저 관광키로 하고 걸어 올라갔다. 7월의 찜통더위에 땀이 물 흐르듯 흘러 내렸다. 길가엔 노천온천이 솟아오르는데 그 물에 달걀을 삶아 파는 중국인 장사치들이 달걀을 사가라고 성화다. 어느새 우리말을 배웠는지 서투른 말솜씨로 싸니까 사라고 귀찮게 따라다닌다.

노천온천을 그대로 두질 못하고 엄청나게 큰 도수관을 연결하여 온천 사우나 시설을 서두르고 있다. 여기서도 우리나라 사람들의 상혼商魂이 배어나고 있음을 실감할 수가 있다. 뉴질랜드나 미국 앨로스톤의 노천온천지대를 관광할 때, 노천온천만 보이면 한국 사람들은 온천사우나를 만들어 떼돈을 벌 것이라던 풍유諷諭적인 가이드의 말이 떠올랐다.

장백폭포! 우레 소리보다 더 큰 굉음 속에 안개처럼 피어오르는 물보라가 영롱한 무지개를 피어오르게 한다.

은 같은 무지개 옥 같은 용의 꼬리
섯돌며 뿜는 소리 십 리에 잦았으니
들을 때는 우레러니 보니까 눈[雪]이로다

송강 정철의 「관동별곡」 가운데 금강산 만폭동의 절경이 눈에 선하다. 해발 1250m나 되는 높은 곳에서 68m가 넘는 물기둥이 되어 쏟아져 내리니 그 장엄함은 우리 인간의 언어로는 감히 표현할 길이 없다.

천지에서 이렇게 사시장철 우렁차게 쏟아져 내려도 천지의 수면은 조금도 줄어들지 않는다고 하니 백두산은 정말 신비에 쌓인 영산靈山인가 보다. 흘러내리는 폭포수에 손을 담그니 얼음장처럼 차가와 금세 손이 시려온다.

장백폭포를 뒤로하고 내려와 얼마쯤 있다가 등산용 지프를 타고 천지를 향해 경사가 급한 굽잇길을 휘돌아 올랐다. 도로 양켠에 늘어선 수목들의 키가 오를수록 작아진다. 전나무, 백목 등의 원시림이 지천으로 깔려 있다.

해발 1800m 고지를 넘으니 앉은뱅이철쭉이 잡목 사이에 누워 있는가 싶더니 그것도 잠시. 얼마쯤 달리니 그나마 보이질 않고 융단을 깔아놓은 듯한 푸르디 푸른 초원이 시원스럽게 펼쳐진다. 흡사 「사운드 오브 뮤직」에서 도레미송을 가르치는 마리아가 아이들과 함께 너울너울 춤추며 다가올 것만 같다.

길섶에 핀 이름 모를 노랑, 바이올렛빛 꽃들이 부는 바람결에 하늘거리며 세속에 찌든 우리들을 가여운 듯이 영접하고 있다. 노랑꽃은 두메아편꽃이라 하고, 바이올렛빛 꽃은 가솔송이라 했다. 그러고 보니 두메아편꽃은 양귀비꽃 못지않게 아름답다. 그밖에 흰색의 만병초, 옥잠화 잎사귀 같은 산박새 풀들을 지천으로 깔아놓은 찬란한 녹색의 장원莊園을 우리에게 선사하고 있다.

이런 신비스런 비탈길을 얼마쯤 달렸을까? 옛날 중국인들이 설치했던 기상대가 폐허인 채 우리를 맞고 있다. 바로 옆은 관광객을 실어 나른 지프들이 즐비하게 늘어서 있다. 여기서 백두산 정상 길은 2-300m 밖에 되질 않는다. 풀 한 포기 나지 않아 자꾸 미끄러지는 화산모랫재 길을 어머니를 부축하고 숨 가쁘게 올랐다. 숨이 헉헉 차오르고 땀은 비 오듯이 흘러내렸다.

드디어 꿈에 그리던 백두산 천지가 굽어 뵈는 상상봉에 올랐다. 오락가락하던 비구름도 온데간데없고, 천지는 맑고 깨끗한 하늘을 열어 자신의 신비를 드러내고 있다. 하루에도 몇 번씩이나 변덕을 부리는 통에 천지를 보는 사람들은 하늘복을 타고난 사람들이라고 했다. 산문에서 장대비를 맞고서도 천지에 오르면 언제 그랬더냐는 식으로 하늘을 열어 줄 때가 많다고 하니 그 자체만으로도 신비롭기 한량 없다.

아! 민족의 영산 백두산. 민족의 시원인 천지. 천지는 글자 그대로 하늘못이다. 바다 높이로부터 2189m 하늘에 맞닿은 연못이니 하늘 못이 아니겠는가. 검푸른 물 의로 피어오르는 물안개며 구름비가 감돌아 오르는 산봉우리들이 정말 선경仙境이다. 감히 말로는 형용할 수 없는 경외감 속에 모두들 말문이 막혀 고요와 정적, 그리고 침묵만이 흘렀다.

백두산은 200만 년 전 화산이 폭발하면서 생긴 산인데 지금도 화산활동이 끝나지 않은 활화산이란다. 평균 160년마다 한 번씩 폭발하는데 기록으로 보면 1702년에도 폭발이 있었다고 한다. 천지는 모두 16개의 산봉우리로 둘러싸인 중국에서도 가장 큰 호수이고, 신강성 천산에 있는 천지가 그 두 번째란다.

김일성이 모택동과 담판을 벌여 천지의 2/3를 북한 땅으로 귀속시키고 그 나머지만 중국령으로 했다니 그나마 천만 다행이 아닐 수 없다. 천지의 평균 수심은 204m인데 가장 깊은 곳은 373m가 넘고, 남북의 길이가 4.85km, 동서가 3.35km, 둘레가 13km인데 그 속에 20억 입방미터의 천연수를 담고 있다니 백두산 '하늘못' 이야말로 하나님이 창조한 예술작품이 아닐까 싶다.

> 하늘에서 지어내린 저 물은
> 하늘 세상 인연들이 모두 그려져 있어
> 천지는 하루 종일 하늘하고만 산다.
> ......
> 언어가 필요 없는 곳
> 사유思惟가 존재치 않는다.
> 가없이 높은 무념과 무심이
> 고운 숨결을 고르고 키워
> 소지燒紙 올리듯 억겁의 세월을
> 하늘로 풀어 올린다.

어느 시인이 노래한 「백두산 천지」의 시구다. 그가 말한 대로 "미치도록 무서웁고 경건한 고요의 정지停止" 속에서 천지는 하늘하고만 산다. 여기에 무슨 사상과 이념이 존재하며 어떤 생각과 욕심이 있을까 보냐. 홍진紅塵에 찌들 대로 찌든 속세의 우리 속물들로서는 감히 범접할 수 없는 성산聖山이요 영지靈池이다.

오던 길을 되돌아나오는 길도 오를 때보다 더 새롭고 산뜻하다. 구름에 가린 짙푸른 초장草場과 햇볕에 눈부신 초원이 어쩜 저리도 아름다울까. 아쉽고 안타까운 마음을 뒤로한 채 백두산을 내려와 산문 천지호텔에 여장을 풀었다.

예서 제서 한국의 트롯트 가요들이 흘러나와 예가 중국 땅이 아닌 내 나라 내 고향이라는 착각에 빠져들게 한다. 최진희의 「사랑의 미로」가 밤새 내리는 장대비에 가슴팍을 녹아내려 잠 못 이루게 한다.

(2000)

적멸의 고요

작년 여름엔 말로만 들어왔던 오대산을 등정할 수 있는 행운이 있었다. 대학신문사 주간직을 맡은 지 일 년이 되는 학기 초 무렵, 세 번씩이나 제출했던 보직 사퇴서가 반려되어 어차피 또 한 학기를 기자들과 입씨름을 해야 할 운명이라는 생각에 자신이 한심하게 느껴졌다. 그런 봄학기가 거짓말처럼 순식간에 지나가 버리고 여름방학이 시작되었다.

방학이면 으레 학생기자 수련회가 있는 법이어서 주간인 나는 그들을 인솔하고 어디든 다녀와야 하는 고행苦行의 과정이 필수적으로 기다리고 있다. 사실 그런 일이란 여간 귀찮고 성가신 일이 아닐 수 없다. 작년 여름에도 지리산 화엄사를 거쳐 달궁으로 가는 도보의 강행군이 얼마나 어려웠던가.

금년엔 오대산으로 가야 한다고 우겨대는 편집국장의 끈질긴 요구에 반송된 결재판을 다시 들고 총장의 재가를 얻는 일도 그리 쉽진 않았다. 오대산은 강원도 태백준령에 버티어 서 있는데 산천이 수려한데다가 산자락이 부드럽고 온유해 초보자들도 편안히 오를 수 있는 산이라 했다. 더구나 소금강이라 이름했던 것처럼 산자락과 계곡이 그렇게 아름다울 수 없다고 하니 이번 산행이야말로 의례적인 일상성에서 벗어나 오히려 즐겁고 의미있는 여행이 될 것 같은 생각에 마음이 설레기까지 하였다.

제헌절인 7월 17일 아침, 우리는 스쿨버스를 타고 오대산의 여정 길에 올랐다. 장마기라 언제 어디서 어떤 장대비를 맞을지도 모른다는 불안감이 없진 않았지만, 간간이 쏟아지는 한줄기의 소나기 외에는 별로 걱정할 일은 없었다. 중부고속도로를 벗어나서 영동고속도로로 접어들어 얼마를 달리니 가남휴게소다.

휴게소 뒤편 오르막엔 파르테논 신전 같은 전쟁기념비가 서 있다. 6·25전란 때 7,000여 명이 넘는 이집트 군사가 산 설고 물 설은 이국땅에 파병되어 전사하거나 행방불명된 자가 일천여 명이 넘었으므로 그 영령들을 기리기 위해서 전적비를 세웠다고 기록되어 있다. 인간이 사는 세상이 도대체 무엇이며, 사상과 이념이 무엇이기에 힘없고 이름 없는 사람들만 이렇게 전장에 내몰려 피를 흘려야 하는지.

꼭 그만그만한 산야를 얼마쯤 달렸는지 '하진부'라는 표지판이 보이고, 강원도 정선 가는 길이 안내되어 있다. 3년 전 18대조 채미헌採薇軒 할아버지 묘소 참배 길에 지나갔던 기억이 아련히 스친다. 권세와 부귀영화를 마다하고 사이군事二君이 도道가 아니라며 끝내 회절回節하지 않다가, 태조로부터 정선에 본향안치本鄕安置되었던 그 할아버지의 철학이 이해득실을 영악하게 셈하며 슬기롭게 산다는 오늘의 우리들을 부끄럽게 한다.

한 5년 전, 합천댐 공사로 그분의 유택이 수몰될 위기에 처하게 되어 하는 수 없이 그분의 고향인 이 정선 땅에 이장을 서두를 수밖에 없었다. 파묘했을 당시의 경이로운 충격만은 지금도 잊지 못하고 있다. 4, 5미터 깊이에 두꺼운 백회층을 이루고 다 썩은 목탄 같은 목곽의 흔적 속에 48개의 대장간 못이 여기저기 널려 있었다.

보첩상譜諜上으로는 세종 연간에 일생을 마쳤다고 했으니 족히 500여 년이 넘었건만, 그분 유골의 일부를 우리 후손들 앞에 현신했던 것은 너무도 놀라운 경이로움이었다. 존재와 부재의 현상학적인 괴리와 신비로운 감동으로 모두들 한동안 자리를 뜨지 못했었다.

이런저런 상념에 빠져있는데 정선이 이곳에서 그리 멀지 않다고 버스기사가 친절하게 일러준다. 우리가 탄 버스는 여기저기 울창한 송림 사이를 숨 가쁘게 달리고 있다. 고산지대이어서인지 에어컨 시설이 없는데도 차창 밖으로 들어오는 바람이 여간 서늘하기가 이를 데 없다. 수백 년이 족히 넘음직한 올곧은 소나무들이 속진에 찌든 우리들을 열병이라도 하듯 우뚝우뚝 서 있다.

전주를 출발한 지 6시간이 넘어서야 그 유명한 월정사 입구에 다다를 수 있었다. 지천으로 널려 있는 감자밭과 옥수수밭, 당근과 채소밭을 가로질러 얼마쯤 달리니 월정사로 들어가는 비포장된 울창한 숲길이 물기를 머금은 채 촉촉하다.

숲길에 들어서니 햇빛이 거의 스며들지 못할 만큼 산림이 울창하다. 마침 무슨 영화를 촬영하는 건지 스탭진들이 분주하게 일하는 모습들이 한눈에 들어왔다. 한 아름이 넘음직한 상수리나무와 전나무의 원시림을 뚫고 얼마를 달리니 월정사로 들어가는 길목이다. 듣던 대로 고색창연했던 원래의 절은 6·25때 소실되었고, 새로 건립한 월정사만이 고즈넉이 그 모습을 드러내놓고 있다.

마당 한가운데엔 신라 때 건립했다던 국보급의 석탑이 온갖 역사를 웅변하듯 동그마니 서 있다. 창자까지 짜릿하게 저려오는 약수를 한 모금씩 마시고 다시 상원사길을 재촉했다. 맑은 계곡을 따라 비포장도로를 20여 리쯤 달리니 이슬처럼 안개비가 흩뿌린다.

멀고 가까운 산자락이 안개구름에 휘감겨 신선경을 연출하면서 우리 앞에 다가선다. 여백이 많은 동양화가 상상이 아닌 사실화라는 것이 새삼스러워진다. 일제 때 탄허대사가 도를 닦았다던 상원사 아래엔 그분의 사리를 모신 사리탑이 멀찌감치 자리하고 오가는 길손들을 내려다보고 있다.

이 절에서 오대산의 최고봉인 비로봉이 2.9km이고, 신라 선덕여왕 때 지었다던 적멸보궁이 1.4km라는 이정표가 우리에게 그 거리를 알려준다. 내일 오대산을 종주등반하려면 가볍게 몸을 풀어야 한다고 적멸보궁까지만 오르자고 했다.

하늘 끝까지 닿을 것 같은 거대한 원시림을 지나니 땀이 비오듯 쏟아져 온몸이 물독에 빠진 듯 물이 줄줄 흐른다. 잠시 발걸음을 멈춰 숨을 고르니 이내 오싹한 냉기가 온몸을 감싼다.

이런 가파른 길을 얼마쯤 오르니 적멸보궁이 눈앞에 다가든다. 부처의 진신사리를 모시기 위해 세운 것이란다. 잘 다듬은 동그란 주춧돌이 비탈길 계단에 아무렇게나 나동그라져 있다. 아마 만고풍상을 겪으면서 허물어지고 굴러 떨어져 여기까지 이르렀나 보다. 가파른 비탈길을 올라 능선에 이르니 두어 칸 암자가 산 아래를 굽어보면서 외연히 서 있다.

현판에는 적멸보궁이라 쓰여 있다. 건장한 잣나무들이 군락을 이루고 있는데 푸르다 못해 검은 빛을 띠고 서 있다. 멀리서 스님 한 분이 고즈넉한 분위기를 깨고 우리를 향해 걸어왔다. 정말이지 스님이나 우리가 없었다면 현판대로 적막마저 사라져버린 정지된 화면처럼 적멸寂滅의 고요로움이 계속될 것만 같았다.

스님에게 다가가 말문을 여니 이곳은 사람이 살지 아니하고 저녁때가 되면 상원사에서 기도하러 참배객들이 올라온다고들 한다. 적멸보궁은 신라 선덕여왕 때 지어졌지만, 역사의 흥망에 따라 영고성쇠榮枯盛衰를 거듭하여 오늘에 이르렀다. 멀리는 선덕여왕으로부터 세조에 이르기까지 이곳에서 참선을 하고 예불을 올렸다고 하니 이게 사람이 살아간다는 것인가 싶다.

지금도 상원사에는 세조의 어의御衣가 보물처럼 보존되어 있고, 그 절 입구엔 그가 쉬면서 갓을 걸어두었기 때문에 괘수掛樹라 했다던 재래종 낙엽송이 거목인 채 묵묵히 우리를 응시하고 있다. 어디서 적막을 흔들기라도 하듯이 이름 모를 새들의 지저귐이 적멸보궁의 적막을 깨뜨리고 지나간다.

(1992)

울릉도 가는 길

만 15년 만에 울릉도를 찾기로 했다. 소설을 쓰는 친구가 울릉도를 배경으로 쓸 게 있는데 가보지도 않고 쓸 수 없으니 같이 가자는 거였다. 한 번 가보았던 곳이라 그다지 마음이 내키지는 않았지만 잡아끌다시피 밀어붙이는 ㅎ교수의 호의도 거절하기 어렵거니와 오랜만에 울릉도의 풍물을 다시 한 번 체험할 수 있다는 생각에서 따라 나섰다.

하지만 장마가 걷히지 않아서 울릉도 뱃길이 순조로울지 걱정스러움을 떨칠 수가 없었다. 장마도 그러려니와 제7호 태풍 '로빈'이 집중호우를 몰고 와 여기저기 할퀴고 상처를 내어 사람들의 아우성이 이만저만이 아니었기 때문이었다.

한밤에 축대가 무너져 일가족이 압사하고, 애써 가꾸어 온 농경지가 침수되거나 떠내려가 사람들의 마음을 아프게 했다. 항용 연례적으로 이런 재난을 받는 사람들은 고대광실 호화주택에서 사는 사람들이 아니라, 한결같이 하루 벌어 하루를 연명해 가는 참으로 불쌍한 계층들이다. 그도 그럴 것이 그들은 어려운 농촌을 벗어나 도시로 진출한 빈민계층이요, 도시개발에 떠밀려진 소외된 계층들이어서 집다운 집을 갖고 살지 못하고 있기 때문이다.

우리가 살아가는 이 세상은 물질만을 좇다가 윤리도 도덕도 실종된 구조적 모순의 늪에서 신음하고 있다. 힘에 밀착하여 아첨하고 잔꾀와 거짓말을 잘하는 사람들은 잘 살아가고, 정직하고 부지런한 사람들은 평생 집다운 집을 마련할 수 없는 사회가 되었으니 한심하지 않을 수 없다.

이런 저런 우울한 생각을 떨치기라도 하듯 우리 셋은 울릉도로 가기로 했다. 서울 사는 친구와 대전에서 만나 경부고속도로를 달렸다. 군사혁명 이후 급조된 도로라 지금까지도 곳곳에 보수 작업을 벌이고 있어 불편하기가 이를 데 없다.

그래도 경주를 지나 포항에 이르니 계기판은 천 리를 넘었다. 포항에서 해안선을 따라 울진 쪽으로 올라가면 후포항이 있는데 거기서 울릉도까지 4시간 30분이 소요된다고 하니, 포항서 출발하는 것보다는 적어도 2시간 이상이나 시간을 절약할 수 있다고 했다.

생전 가 보지도 못했던 초행길을 지도만 따라 얼마를 달렸는지 모르지만, 차들이 밀려서 장사진을 이루어 한 발도 더 앞으로 나가질 못하고 있다. 차에서 내려 알아보니 1km 전방에서 대형사고가 발생했다는 거다. 하는 수 없이 월포, 칠포 해수욕장이 있는 비포장도로로 안내를 받아 오던 길을 되돌아가는 해안선 길을 택하였다.

초록빛 바닷물이 하얀 거품을 물고 육지를 집어삼킬 듯이 한꺼번에 밀려든다. 특유의 바다 비린내가 울창한 해송 사이를 헤집고 들어와 코끝을 자극한다. 바라만 보아도 시원하기 이를 데 없다. 역시 바다라면 사람들이 동해를 꼽는 이유를 알 만하다. 맑고 깨끗하고 시원하기가 동해에 견줄 곳이 없다.

가족끼리 오붓하게 해수욕을 즐기기에 안성맞춤이라고 이구동성으로 입을 모았지만, 세사에 쫓기다 보면 그런 마음은 으레 생각만으로 그치고 만다. 우렁차게 부서지는 파도가 오욕에 찌든 우리들 머릿속을 쓸어내릴 것처럼 거품을 물고 거세게 밀어닥친다. 동해 바닷가는 언제 어디서나 속살까지 환히 드러내는 그 맑고 신선한 감각을 느낄 수 있어서 좋다.

털털거리는 비포장도로를 얼마를 달리고 나니 포장도로에 이어진다. 해안선을 따라 올라가는 도중에 그림처럼 자리한 동해비치호텔을 지나 후포로 가는 길을 재촉하였다. 후포항은 파장한 시골 장터마냥 한산하기 이를 데 없다.

여기저기 기웃거리다가 후포항만 터미널 황소 장을 만났다. 일행과 같은 문중인이라면서 친절하게 맞아준다. 태풍이 지났다고는 하나 내일 출항할 수 있을지는 예측하기 어렵고 내일 한 번 나와 보아야 한다고 했다.

내일의 출항 여부가 마음에 걸려 무거운 데다가 한꺼번에 밀려드는 피로가 우리를 더욱 권태롭게 했다. 우리는 저녁을 먹을 겸 황 소장으로부터 '선창횟집'을 소개받아 찾아갔다. 푸른 바다 모래사장 위에 자리한 경관이 아주 썩 좋은 집이다. 은빛 모래사장으로 뛰어가 금방이라도 물에 첨벙 뛰어들고 싶도록 파도소리가 너무도 시원스럽다.

하지만 어디를 가나 이 아름다운 자연이 녹슨 철조망으로 가로막혀 우리의 가슴팍이 찔린 것처럼 가슴이 아리고 쓰리다. 동、서독이 통일이 되고 하나의 대통령을 뽑는다고들 야단인데 이 나라의 위정자들은 도대체 무엇을 하고 있는지 모른다.

이런 저런 생각에 잠긴 사이에 회 한 접시가 나왔다. 우리 고장에서와는 달리 푸짐한 맛과 정성이 여독에 찌든 우리를 흡족하게 만들고도 남음이 있었다. 술이 몇 순배 돌고 정담이 오고가니 술과 바다와 우정이 어우러져 파도처럼 우리 가슴을 헤집고 밀려온다.

참으로 오랜만에 인간과 더불어 살아가는 기쁨과 행복에 젖는다. 사람과 사람과의 만남이나 사귐도 이利와 득得을 따지는 영악한 세상에서 우리 셋은 그것들을 초월할 수 있으니 얼마나 행복스러운 일이냐고 입을 모았다. 벌써 어둠이 깔리고 취흥도 무르익었다. 후포항 등대가 간헐적으로 명멸하는 오늘 밤은 물 좋기로 이름난 백암온천에서 쉬기로 하고 차를 몰았다.

이튿날 예정된 시간에 후포항에 나가 보았다. 하지만 당국의 허가가 나오지 않아 출발할 수 없다는 안내방송이 나왔다. 여기저기서 사람들이 웅성거렸다. 계모임, 젊은 대학생들, 승려, 중년부부 등 많은 사람들이 어찌할 바를 모르고 우왕좌왕하고 있다. 목적지를 바꿔볼까도 생각해 보았지만, 오늘 하루 더 기다려 보기로 하고 근처 관광을 떠나기로 하였다.

얼마쯤 가니 월송정月松亭이란 표지가 길가에 우뚝 서 있다. 숲 속을 지나니 초록빛 바다가 조망되는 언덕배기에 2층의 누각이 솟아 있다. 돌계단을 층층이 올라 월송정을 바라보았다. 10여 년 전 쿠데타가 나고 과도정부가 들어섰을 때 잠시 대통령을 역임한 ㅊ 씨의 휘호가 이 정자에 걸려있는 걸로 보아

월송정은 그 때쯤 개축한 것으로 보인다.

누각의 계단을 올라 2층 난간에 기대서니 초록빛 바다가 한눈에 들어오고 옥 같은 파도가 거품을 몰고 하얗게 밀려드는 게 영락없이 선경仙境이다. 여기저기 시문이 걸려 있는데 그 중에서 특별히 숙종의 한시가 눈에 들어왔다. 숙종이 이곳까지 행차하여 이토록 아름다운 경치를 읊었나 보다. 역시 이곳도 녹슨 철조망이 눈에 들고 초병들이 오가는 모습이 마음에 거슬린다.

울진 성류굴로 가는 길과 마주한 곳에 송강의 「관동별곡」 속에 노래된 망양정이 자리하고 있다. 여기서 얼마쯤 가면 불영계곡 속에 부처의 모습이 비쳐 그곳에 절을 지었다는 불영사佛影寺가 있다. 구경할 시간과 여유가 있으므로 그곳으로 발길을 옮기기로 하였다.

(1990)

금강산은 저만치 그대로

금강산 찾아가자 일만이천봉
볼수록 아름답고 신기하고나
철따라 고운 옷 갈아입는 산
이름도 아름다워 금강이라네 금강이라네

누구나 가슴 언저리에 앙금처럼 남아 있는 동요다. 초등학교 시절, 선생님의 풍금 소리에 맞춰 목청껏 노래했던 기억이 아직도 아련히 남아 있다. 나이 들면서부터 우리의 가슴을 적셨던 「그리운 금강산」도 이념과 한으로 우리 마음속에 자리했었고, 남북이 대립에서 호혜互惠와 협력으로 물꼬를 튼 뒤로는 가사 자체도 개사改詞를 해야만 할 정도였다.

지난해 말로만 듣고 동요나 가곡으로만 꿈꾸어 왔던 금강산을 훌훌 다녀왔다. 저녁나절 동해항에서 봉래호를 타고 북한의 장전항까지 가는데도 하룻밤을 배 안에서 새워야 했다. 직선거리래야 몇 시간쯤이면 될 것을, 무슨 무슨 군사한계선을 지켜야 하기 때문이라니 아직도 남북의 거리는 하늘만큼이나 멀었다. 하지만 금강산 가는 길은 우리의 가슴을 무척이나 설레게 했다. 모두들 끼리끼리 모여 앉아 소주잔을 기울이거나, 갑판에 올라서 이념이나 공해로 찌들지 않은 청정한 동해 바람을 쐬면서 잠을 설치다가 새벽녘에야 안개가 엷게 드리워진 고즈넉한 장전항을 맞을 수 있었다.

한중수교 직전 대학생들을 인솔하고 중국의 웨이하이威海 항구에 닿았던 그 항구와 똑같은 인상이었다. 손을 많이 본 것 같으나 어설프고 쓸쓸하기가 그지없었다. 내 나라 내 땅이건만 이국땅을 밟는 것처럼 수속이 몹시 번거롭고 까다롭다. 선실 내에서조차 카메라 셔터를 누르면 압수를 당한다니 괜히 긴장감만 감돈다.

이데올로기가 뭐고, 정치란 게 뭔지, 우리들이 왜 어째서 그러한 놀음에 그렇게 놀아나야 하는지 모르겠다. 양반과 상놈이 없고, 지배자와 피지배자가 없는 사회, 지상낙원을 건설한다던 공산주의라는 게 이런 건가. 철과 죽의 장막이라던 소련과 중국도 무너졌고, 진즉 그들은 궤도를 수정했는데 어째서 북한만은 철옹성처럼 공산군주세습제를 느릴 수 있는 건지. 아무리 생각해 보아도 기가 막힐 노릇이다.

얼마를 지나고서야 난생처음 북녘 땅을 밟을 수 있었다. 야릇한 흥분이 일고 두려움이 온몸을 에워싼다. 북한 출입국 관리원들의 무뚝뚝한 기계적인 표정이 우리를 주눅 들게 한다. 복잡하고 지리한 수속을 마친 후, 흡사 수학여행 온 학생들마냥 열을 맞춰서 미리 마련된 버스에 올라 금강산을 향했다. 길 양쪽에 설치한 시커먼 철조망이 우리의 가슴을 옥죈다.

철조망 너머로 녹슨 철길이 하릴없이 누워 있다. 양양과 원산을 잇는 동해북부선이라는 안내자의 설명이다. 오른쪽 바위산에 날렵한 매 한 마리가 앉아 있다. 매바위란다. 여기서부터 금강이라니 정말 우리의 금강산은 저만치 그대로 서 있었다.

얼마를 달리니 길 왼편에 마을이 하나 보이고 오른쪽에도 상당히 큰 마을이 자리하고 있다. 각각 양진 마을과 온정리溫井里라고 하는데, 온정리는 따뜻한 샘마을이란 글자대로 현대가 투자한 초현대식 온천 사우나 시설이 자리하고 있다. 온정리 앞산엔 "금강산 관광객들을 동포애의 심정으로 환영한다"는 시뻘겋고 커다란 현판이 우리를 크게 압도하면서, 널따랗게 누워 있는 뒷바위산엔 "조선인민 경애하는 김일성 동지"라 음각된 대형 구호가 을러대듯 우리를 응시하고 있다.

얼마나 크게 새겼기에 수백 미터 앞에서도 저렇듯 선명하게 다가들어 우리를 압도하는 걸까. 글자의 크기는 알 수 없을지라도 음각의 깊이가 1미터가 넘는다고 하니 김일성 부자간 절대 권력의 힘이 얼마나 대단한가를 알 만하다.

우리는 「나무꾼과 선녀」의 전설로 잘 알려진 구룡폭포와 만물상 코스로 등산을 했다. 가는 곳곳마다 김일성 부자가 왔다 간 곳에는 기념비를 세워 성역화하였고, 참으로 아름답다고 눈이 머무는 곳에는 으레 그들 부자의 만세라거나, 우상화한 찬양구호가 화석처럼 자리하고 있었다. 「그리운 금강산」의 노랫말처럼 그렇게도 맑고 고운 산이 더럽혀진 지 몇몇 해가 되었을까. 이념으로, 그리고 마구잡이로 파헤쳐져 지울 수 없는 온갖 낙서와 구호들로 우리의 산 금강산이 형편없이 오염되어 버린 게 안타까웠다.

우리 선조들은 유람강산을 즐기면서 아름다운 곳에는 멋진

시 한 구나 자신의 이름을 남기기를 무척이나 좋아하였다. 지금도 명승지를 돌아다니다보면 선인들이 읊은 시구나 이름이 바위에 새겨진 것을 쉽사리 발견할 수 있다. 세상 누구나 자신의 이름을 남기려는 심사는 동서나 고금을 달리하지 않나 보다. 그러나 북한에서처럼 그 아름다운 경관을 그렇게 무지막지하게 훼손하지는 않았다. 조그맣게 그리고 경관을 헤치지 않는 범위 내에서 조화롭게 처리하는 지혜가 있었다. 하지만 이토록 아름다운 금강산을 이 지경으로 형편없이 망가뜨려 버렸으니 참으로 안쓰럽고 한심하기가 이를 데 없다.

세상이 몇 번이 변하고 역사가 아무리 바뀌어도 민중은 언제나 변함없이 지배의 질곡을 벗어날 수 없는 게 이 세상 자연 법칙인가 보다. 아무리 헐벗고 굶주려도 언제나 '위대한 수령' 이니, '경애하는 지도자' 라고 앵무새처럼 뇌까리면서 열광하는 북한 동포들을 볼 때마다 이런 서글픈 생각이 가슴을 옥죄어 온다. 언제 어디서나 힘없는 백성들은 민주와 평등이라는 미명하에 전쟁에 내몰리고, 공평한 분배라는 허울로 부당하게 착취당해 왔던 게 인류의 역사란 말인가.

하지만 금강산 옥류동 계곡을 흐르는 물은 정말 명경지수였다. 서울의 수돗물보다도 오히려 맑다고 하니 금강산 계곡을 적셔 흐르는 물만은 그런 것들에 추호도 오염되지 않았다. 천년의 청정 그대로, 지금도 여전히 그렇게 흘러가고 있었다.

옥류담은 영락없이 거대한 비취가 되어 우리를 기다리고 있었다. 티 하나 없는 영롱한 비취로 자연이 얼마나 아름다운가를 우리에게 웅변하는 것만 같다. 마치 영욕과 물욕에 한없이 오염된 우리들을 나무라기라도 하듯이.

비 오듯 떨어지는 땀방울을 훔치다가 옥같이 맑은 시냇물을 보는 순간, 우린 일제히 계곡으로 내닫듯이 달려갔다. 손발을 씻어서는 안 된다는 엄한 경고도 잠시 잊은 채 손과 얼굴을 씻다가 북쪽의 감시원에게 호되게 꾸지람을 당하는 사람도 있었다. 금강산 계곡물을 마실 수는 있어도 절대 손발을 씻어서도 안 되며 더구나 휴지를 버린다거나 쓰레기를 버리는 일은 상상할 수도 없는 일이다. 서울 수돗물의 순도가 77ppm인데 여기 계곡물이 8ppm이라니 맑기가 어느 정도인지 알 만하다.

물론 이곳에서는 담배를 피워서도 안 된다. 산불도 산불이려니와 그렇게 맑은 공기를 오염시키기 때문이라니 자연보호는 이들에게서 배워올 일이다. 어린 아들과 같이 온 어떤 사람이 더위에 지친 아이에게 시원한 음료수를 머리에 끼얹자, 어디선가 감시원이 나타나 신성한 산을 그렇게 더럽힐 수 있느냐고 야단법석이다. 이들은 남녀가 2인 1조가 되어 관광객을 철저하게 감시한다. 그들은 우리에 비해 허름한 차림새에 어설픈 모습을 보이고 있지만, 대부분 대학을 졸업한 인텔리 계층이다.

너무 심하다는 생각이 없는 것도 아니지만 북쪽의 그런 자연보호는 참 잘하는 일이라고 생각했다. 어떤 이들은 그토록 까다로운 금강산을 떼돈을 주면서 왜 가는지 모른다고 불평을 한다고도 한다. 하지만 우리들은 너무 함부로 살아왔다. 아니 마구잡이로 살아왔다고 해야 옳다. 아무리 아름다운 산이나 유원지를 막론하고 쓰레기들로 몸살을 앓고 있으니 말이다.

우리네 산천은 어디를 가든 썩는 냄새로 코를 들 수가 없고, 더러운 것들로 눈을 둘 곳이 없다. 앞만 보면서 치닫던 우리도 이제는 우리의 뒤를 돌아보아야 할 시점에 와 있는 것 같다. 물질만이 지상 최대의 가치라고 신주처럼 모셔왔던 우리들의 일그러진 모습들을 명경지수 같은 옥류담에 비춰볼 일이다.

옥류담을 뒤로하고 한참을 오르면 앙지대仰止臺에 이른다. 여기선 잠시 땀을 닦고 영락없이 코끼리를 닮은 바위를 바라보면서 금강산 계곡에서 불어오는 싱그러운 바람을 쐴 수가 있다. 사방에 널려 있는 비경에 빠졌다가 발아래를 굽어다 보니 커다란 두 개의 비취가 고리를 만들어 내고 있었다. 금방 하늘에 사는 선녀가 목욕을 하고 날개옷을 입은 채 하늘로 날아오를 것만 같다. 두 개의 구슬을 연이어 놓았다고 하여 연주담連珠潭이라 했단다. 정말 금강산의 청징함을 우리의 언어로 표현한다는 것은 불가능한 일이다.

그리고 눈을 들어 하늘을 보니 무지개를 만들며 폭포가 부서지고 있었다. 봉황이 날아오르는 것 같다하여 비봉飛鳳폭포라고 했단다. 거기에도 김정일이 목에 힘을 주고 버티고 서 있었다. 그 너른 바위에 "금강산은 천하절승. 김정일 1992.6.5"라 엄청나게 큰 글씨로 새겨놓고 오만하게 군림하고 있었다.

비지땀을 흘리면서 얼마나 숨 가쁘게 올랐는지 까마득한 천길 벼랑 아래 팔주담이 여덟 개의 구슬을 꿰어 놓은 것처럼 연달아 매달려 있다. 그러나 내가 가본 금강산은 나무꾼과 선녀 이야기마냥 맑고도 깨끗하기 이를 데 없었다.

(2002)

천왕봉기 1

백무동百巫洞. 지난 8월5일 아침 6시, 운봉 고기리산장에서 새벽에 발행하여 당도한 곳. 지리산 천왕봉을 오르는 코스로는 차편으로 닿을 수 있는 최단거리의 종착지이다.

늘 구름과 안개에 휩싸인 신비스런 골짜기라 하여 백무동白霧洞인가 했더니 그게 아니란다. 지리산신의 영험을 얻은 무당들이 골골이 자리하고 있기 때문에 붙여진 이름이라고 일행중에서 귀띔해 주었다.

어찌했건 우리 속인들과는 거리가 먼 그런 동네였지만, 사시장철 자가용과 사람들이 도회의 시장 바닥을 방불케 법석대는 곳이다. 이른 아침인데도 걸리는 게 사람이요, 줄지어 있는 게 자동차들이다. 이 정도라면 지리산 골골마다 얼마나 오염되었을 것인가는 물어볼 필요조차 없을 게다.

정기여객버스 터미널 부근에 있는 대구식당에서 간단히 아침 요기를 한 다음, 천왕봉을 향해 발걸음을 옮겼다. 안개인지 이슬비인지도 모를 가랑비로 산 전체가 우유 빛이어서 선경을 방불케 한다. 간간이 골골마다 쏟아지는 산골 물소리가 시원스레 들리고 있다. 길 양쪽에 잡목이 우거져서 치렁치렁 늘어진 잎사귀들이 가끔씩 얼굴과 목덜미를 스치며 소스라치게 놀라게 한다.

성큼성큼 떼놓는 발자국 울림으로 잎사귀에 맺힌 이슬방울이 우두둑 떨어진다. 등산로는 길이라기보다 오히려 골짜기라는 편이 옳을 것 같다. 계곡처럼 깊게 패인 곳이 많고, 시냇물처럼 물이 흐르는 곳도 많다. 22년 전 내가 대학생이던 시절, 친구들과 이곳을 오를 적만 해도 등산길이 이러지는 않았다. 도대체 얼마나 많은 등산객들이 오르내렸으면 이 지경이 되었을까?

이런 저런 생각을 하다 보니 어느덧 하동바위다. 그 옛날 전라와 경상도 상인들이 물물교환을 하기 위해 만났던 장소였다고 한다. 여기서 한숨을 돌린 뒤 흐르는 땀을 닦았다. 그리고 한참을 올라 참샘터에 닿았다. 세상 사람들을 끌어안을 만큼 툭 터진 품이 너무도 시원스럽고, 콸콸 쏟아지는 석간수가 금세 땀을 멎게 할 만큼 싸늘했다. 그림처럼 형형색색의 텐트들이 즐비하게 늘어서 있고, 북적대는 등산객들로 하여 여기가 심심산골이라는 생각을 잠시 멈추게 하였다.

손을 씻고 땀을 닦은 다음, 바위에 앉아 숨을 고르기도 전에 참샘터를 중심으로 너저분하게 널려 있는 온갖 쓰레기들이 이맛살을 찌푸리게 했다. 이골 저골에서 쏟아지는 산골짜기의 시원한 물줄기는 여기가 속세가 아닌 신선의 세계라는 장엄한 외침 같았지만, 오히려 처절하게 병들어 간다는 애처로운 절규처럼 들려왔다. 이런 한심한 상념에 젖어 있노라니 동행한 ㄱ교수가 어서 빨리 정상을 오르자고 재촉을 했다.

땀으로 멱을 감은 듯이 온몸이 질척거리는데 안개비가 멎고 햇살이 나뭇가지 사이로 일직선을 그으면서 그림처럼 쏟아진다. 안개비가 내리는 등고대를 벗어난 것 같다. 마치 날씨가 흐린 날 비행기를 타고 몇 천 피트 고공을 날을 때처럼. 이름 모를 새들의 지저귀는 소리가 이 정적의 선경에 끼어들어 아름다움을 상승시키고 있다.

장마철인데도 오르고 내리는 등산객들로 붐벼, 여기가 깊은 산중이 아니라, 도시 근교의 산이라는 착각에 빠져들게 했다. 비탈진 산길을 시오리나 걸어서 도착한 곳은 망바위였다. 여기서 천왕봉까지 5.5㎞라고 안내한 이정표가 우뚝 서서 우리를 맞이하고 있었다. 구름이 산 아래로 깔리고 또 금세 산등성이로 치닫는 품이 과연 선경에 머문 것 같은 생각을 일게 한다.

그러나 그러한 기분도 잠시였다. 어디선가 코를 들 수 없으리만치 심한 악취가 진동했고 앉아 쉴 만한 곳은 온통 쓰레기로 뒤범벅이었다. 역시 우리 민족은 어쩔 수 없다는 자비심自卑心과 자멸감自蔑感이 치밀어 올라 스스로 낭패감에 빠져든다.

잠시 이러한 불쾌감에 빠져 있는데, 어디선가 왁자지껄한 사람들의 말소리가 산바람에 실려 왔다. 두리번거려보니 노송 사이로 울긋불긋한 텐트촌이 손에 닿을 듯한 건너편 능선에 자리하고 있다. 거기가 유명한 장터목 산장이란다.

그 옛날 전라 경상인들이 하동장과 인월장을 보러 가는 길목이라 해서 붙여진 이름이라 했던가. 아니면 그들이 그곳에서 물물교환을 해서 유래된 것이라지만, 어쨌든 지리산 심심산골에는 걸맞지 않은 이름의 산장임엔 틀림없었다.

장터목 산장에서 점심을 하기로 예정되었기 때문에 허기진 지친 몸을 이끌고 다시 발걸음을 옮겼다. 빤히 바라다 보이는 곳인데도 좀체 거리가 좁혀지지 않고 멀기가 이를 데 없다. 오르고 내리기를 수십 번씩이나 거듭한 끝에 한참을 올라가니 환히 트인 텐트촌이 시계視界에 들어왔다. 산모롱이 몇 굽이를 돌아 올라도 얼마 남지 않았다던 촌로들의 이정里程감각이 이런 것이려니 싶었다.

(1994)

천왕봉기 2

장터목 산장.

등산객들이 도회의 붐비는 시장터처럼 울긋불긋하게 깔려 있다. 산더미 같은 쓰레기장에서는 사람들이 버린 온갖 쓰레기들이 불태워지고 있었다. 이 신성한 산골에 역겨운 연기 내와 썩는 냄새가 진동 하니 한심하기 이를 데 없다.

제길헐! 이러다간 산이란 산은 무지몽매한 우리 인간들 때문에 온통 쓰레기 더미에 묻혀 질식해 버리고, 우리의 아름다운 자연은 형편없이 파괴되어 버릴 것이 아닌가. 자연이 이처럼 망가진다면 인간도 파멸할 수밖에 없다는 지극히 평범한 진리조차 깨닫지 못하는 우매한 동물이란 말인가? 한없는 낭패감과 우울함이 가슴을 메이게 한다.

북적대는 사람들 틈 속에서 그래도 우리 일행이 앉을 만한 장소를 잡아 준비해 온 김밥을 풀어 점심을 시작했다. 어디서 호박벌 같은 왕파리 떼들이 마치 제트기가 편대를 지어 공격하듯이 몰려들었다. 모두들 깜짝 놀라서 할 말을 잃고 어쩔 줄 몰라 했다. 한동안 어안이 벙벙했다.

옛날 옛적에는 신선들만 살았을 신성한 이 산골짝에 무슨 해괴한 퍼포먼스란 말인가. 한 손으로 연방 파리를 쫓으면서 겨우 점심을 마쳤다. 한 시간 이상이나 기다리며 샘물을 받아 목을 축인 후, 다시 천왕봉을 향하여 발걸음을 옮겼다. 점심과 휴식 탓인지 몸이 꽤 부드럽고 발걸음도 가벼웠다.

얼마를 걸었는지 널따란 능선이 파란 하늘을 위로 하고 우리를 맞이했다. 고사목 지대다. 빨치산 토벌작전이나 벼락을 맞아 수백, 수천 년의 수령을 자랑하는 주목 군락이 불살라진 것으로만 알았는데 무심코 읽어 내려간 안내판을 보고는 소스라치게 놀랐다.

고사목 지대는 이러한 천재지변에 의한 수난의 결과가 아니라, 사람의 손으로 인한 인재人災였다는 놀라운 역사적 사실 때문이었다. 자유당 시절, 도벌군들이 남발濫發의 흔적을 없애기 위해 산불을 놓아 이러한 고사목 지대가 되었다니 얼마나 기막힌 일인가! 정말이지 산신령이 실재한다면 천형天刑을 면키는 어려우리라.

우리 인간은 무자비한 존재다. 이 세상에서 제일 무서운 것이 사자도, 호랑이도, 늑대도 아닌 우리 인간이라 했던 전래 동화가 새삼스러워진다. 이런 저런 상념에 젖어 한심한 세상사를 이야기하다 보니 손을 뻗으면 천왕봉이 닿을 것 같은 지점에 이르렀다. 어디를 가나 사람으로 인해 인산인해를 이루고 있었다. 이른 아침 백무동을 출발한 지 만 6시간이 지나서야 겨우 천왕봉 정상에 닿았다.

오르내리는 인파를 헤치고 드디어 천왕봉에 올랐다. 멱 감은 듯이 온몸이 땀으로 후줄근했다. 시시때때로 운무가 시야를 가리면서 천왕봉은 자신의 참모습을 드러내기 싫어하는 것만 같다. 경상도에서 오르는 길은 수많은 사람들의 발길에 견디질 못하고 무너지고 허물어져 엄청난 산사태가 나 있었다.

그 옛날, 한 사람이 앉을 만했던 정상의 표석은 온데간데 없고, 그 자리엔 사람 키를 넘을 듯한 자연석이 우뚝 서 있다. 앞면엔 "OO인의 氣像기상이어! 여기로부터 발원되다"라고 깊숙이 음각되어 있었다. 그렇지만 'OO인'의 글자가 왜 마멸되었는지 몹시 궁금했다. 세운지 얼마 되지 않은 표석이 풍우에 씻겨 그렇게 될 리는 만무하기 때문이었다.

동행한 ㄱ 박사로부터 마멸된 글자가 '慶尙경상'이라는 사실을 확인했다. 좁은 땅덩이에 팽배되어 있는 정치적인 지역편중주의의 폐해가 지리산 속까지 이르고 있다는 생각에 마음이 서글펐다.

이 신성한 영산靈山, 지리산마저도 '경상'이니, '전라'라는 지역싸움에 희생되어야 하다니 정말 기가 막혔다. 이 표석은 제5공화국 시절 막강한 힘을 가졌던 실력자 ㄱ모 씨가 헬기로 자연석을 옮겨서 세웠다고 한다.

오늘 다시 와서 발 디뎌본 천왕봉은 22년 전의 그 천왕봉은 결코 아니었다. 북적대는 인파도 그렇거니와 경외심까지 불러일으켰던 그 영봉이 더러운 정치권력에 형편없이 오염된 채로 우리를 맞이하고 있었기 때문이었다.

신령스런 자연마저도 홍진紅塵에 더럽혀진 사람들의 힘겨루기에 희생되다니, 가슴이 몹시도 답답하기만 하다. 22년 전 그 시절, 그 천왕봉은 우리 일행 말고는 대구에서 왔다던 고등학생 두세 명뿐이었다. 그리고 운무가 우리의 몸을 한 번 휘감더니 거짓말처럼 사라졌고, 남쪽 멀리엔 남해의 수평선이 아련히 보였다. 참으로 신령스러운 영봉이었다.

하지만 오늘의 이 천왕봉은 속세의 인간들에게 사정없이 짓밟히고 찢기워져 신음하고 있었다. 그리고 경상이니, 전라니 하는 지역주의에 갈갈이 찢겨지고 있었다.

(1994)

한라산 등정 1

작년 12월 6일 아침 9시.

아내와 난 제주 서귀포 칼 호텔에서 제주공항으로 가는 셔틀버스에 올랐다. 이 버스는 5·16도로라고 하는 제1횡단도로를 왕복하는데 한라산 정상으로 오르는 성판악 휴게소를 경과한다. 이 도로는 30여 년 전 쿠데타를 일으킨 박정희 소장이 사회악을 일소한다는 미명하에 병역기피자와 깡패들을 동원하여 건설했기 때문에 5·16도로라고 일컫는다.

겨울답지 않게 흡사 봄날처럼 포근한 날씨다. 찬이슬을 듬뿍 머금은 꾸불꾸불한 산길을 따라 30여 분쯤 달린 뒤에야 성판악에 닿았다. 관광버스를 타고 온 2~30명의 관광객들이 서성거리고 있는 것을 제외하고는 한산하기가 이를 데 없다.

국립공원 관리소에 가서 입산권을 사려고 했지만, 9시 이후엔 안 된다고 하니 한없는 낭패감이 일었다. 겨울철엔 일몰이 빠르기 때문에 등산객의 안전을 위하여 입산을 시키지 않는다는 것이었다. 신분증을 내보이면서 시간이 닿는 대로 산책을 하고 내려오겠노라고 통사정을 한 끝에 가까스로 우리 내외는 입산권을 얻을 수가 있었다.

곧바로 점심거리를 장만하러 가까운 휴게소에 들렀지만 음료수 외에는 요기할 만한 것을 구할 수 없었다. 현지사정에 너무 어두웠을 뿐만 아니라, 한라산 등반을 너무 쉽게 생각했던 자신이 부끄러웠다. 하는 수 없이 과자부스러기를 사들고 자그만 물통에 한라산 생수를 담아 산행 길에 올랐다.

관리원이 관리장부에 이름과 주소, 직업 등을 상세하게 기록하면서 마치 어린아이에게 타이르듯이 '길이 좋다고 백록담까지 올라가서는 안 된다'고 재차 신신당부를 했다. 역시 한라산은 아무에게나 속내를 드러내 보이지 않는 영산임에 틀림없는 것 같다. 일말의 두려움이 앞서기도 했다.

성판악에서 백록담으로 이어지는 길은 사람의 발길이 많지 않아서 자연 그대로의 청징한 모습을 간직하고 있었다. 울울창창한 원시림의 숲길이 신선하고 정겹기가 이를 데 없다. 떡갈나무, 오리나무, 물푸레나무 사이로 굴거리나무 등이 청청하게 모습을 드러내고 있다.

눅눅한 등산로를 따라 한참을 올라 보아도 인기척 하나 없고, 이름 모를 새들의 지저귐만 일상의 고요를 깨뜨리고 있었다. 세상천지 우리 둘뿐이라는 생각에 불현듯 두려움이 밀려들기도 했다. 그렇지만 혹 아내가 이런 눈치를 챌까봐 아무런 내색을 아니하고 부지런히 발길을 재촉하였다.

한 십 리쯤 올랐을까? 울창한 나목裸木들이 하늘을 찌를 듯이 뻗쳐 있는데, 발아래는 산죽山竹들이 앉은뱅이를 하고 지천으로 깔려 있다. 빛 바랜 표지판엔 성판악에서 3.9km, 백록담까지는 5.7km라고 씌어 있다. 온몸이 땀으로 멱 감은 듯이 질척인다. 잠시 이정표 아래 앉아 땀을 닦고 한숨을 돌렸다.

사람의 발길이 뜸한 탓인지 길은 애당초 손질해 놓은 대로 여전히 깨끗했다. 완만했던 길이 차츰 가파르고 숨도 거칠어 졌다. 일몰시간 때문에 등산을 허용할 수 없다던 관리인의 말이 자꾸만 뇌리에 떠올라 불안해진다. 차츰 해발고도가 높아짐에 따라 정상과의 거리도 그만큼 가까워진다는 걸 이정표를 보지 않고도 느낄 수가 있다.

여기는 해발 1200고지. 수북수북 떨어져 쌓여 있는 낙엽 위에 작달막한 전나무들이 짙푸른 빛을 띠고서 우리를 맞이한다. 층층의 전나무 숲이 여기가 겨울이 아니고, 우리나라가 아닌 이방지대라고 웅변하는 것 같았다. 간혹 형해形骸만 남아 흡사 해골 같은 전나무들이 여기저기서 옛날의 숨겨진 애기들을 무언가 들려줄 것만 같았다.

그건 마치 제주도 4·3사태의 불똥이 예까지 튀었다는 것 같기도 하고, 6·25때 아·적군의 포화나, 아니면 무식한 인간들이 버린 담배꽁초 때문에 이런 화상火傷을 입고 화석처럼 서 있는 것이라고 웅변하는 것만 같다. 이런 상념에 젖어 얼마를 올랐더니 한라산 능선을 따라 빨간 기와지붕을 이고 있는 양옥 한 채가 고즈넉이 앉아 있다. '진달래밭 대피소'라고 표지판에 씌어 있다. 자세히 보니 수십 년, 수백 년은 거뜬히 됨직한 진달래와 철쭉들이 앉은뱅이를 하고 지천으로 땅에 깔려 있다.

해발표고를 보지 않더라도, 여기가 고산지대라는 것은 땅바닥에 깔려있는 왜철쭉 군락만 보더라도 알 것 같다. 여기서 백록담까지는 2.2km라고 되어 있지만, 발걸음을 떼 놓기가 어려울 정도로 지칠 대로 지쳐버렸다.

그러나 정상을 향해 또다시 무거운 발걸음을 옮겨놓지 않으면 안 된다. 멀리 한라산의 부드러운 능선이 코발트빛 하늘을 이고 길게 누워 있다. 자연은 말로 형용할 수 없으리만치 아름답다. 세상에 어떤 명장名匠이나 화가일지라도 자연이 빚어 놓은 이런 아름다움을 흉내조차 낼 수가 있을까.

땀이 비 오듯 쏟아져서 온몸이 흥건하다. 점퍼소매 끝에는 땀방울이 맺혀 뚝뚝 떨어진다. 한참 동안 가파른 길을 오르다가 아래를 굽어보니 느닷없이 검은 구름이 일고 안개를 몰아와서 시계視界를 흐려 놓는다. 갑자기 비라도 내리면 큰일이라는 불안감이 밀려든다. 아무런 준비가 없는 우리로서는 조난을 당하기 십상이기 때문이다.

불안과 초조에 휩싸여 가슴을 죄고 있는데 언제 그랬더냐는 듯이 일순간에 비구름이 사라지고 눈부신 햇볕이 쨍쨍 내리쬔다. 확실히 큰 산은 기후가 이토록 변덕스럽기 때문에 우리 속인들이 함부로 대할 수 없는 그런 신성성이 있는가 보다.

(1993)

한라산 등정 2

다리를 끌다시피 지친 몸을 이끌고 나무 한 그루 보이지 않는 가파른 능선에 겨우 올라서보니 커다란 분화구가 눈앞에 확 다가든다. 성산 일출봉의 분화구나 산굼부리 같은 분화구와 별반 다를 게 없다. 이곳이 백록담이라니 기가 막힌다. 사진이나 그림에서 보았던 대로 맑고 깨끗한 태곳적 신선수가 찰랑거려야 할 백록담은 물 한 방울 보이질 않고 푸석푸석한 화산재만 날리고 있었다.

아, 백록담.

백두산 천지만큼은 되지 않더라도 백록담이라는 이름에 걸맞게 맑고 시원한 물이 넘실대어야 하지 않겠는가. 언제나 정상을 정복하고 난 다음 느껴오는 허랑감을 제쳐두고라도 이런 백록담을 내려다본 내 가슴팍엔 한없는 낭패감이 감돌아든다. 하루에도 몇 수십 대씩 부려 놓는 관광객들의 발길 때문에 이런 흉물스런 몰골로 변해 버렸다고는 하나, 그도 선뜻 납득되어지질 않는다.

서울 신학교에서 수학여행 겸 등산을 왔다던 여남은 사람들이 목사인 듯한 사람을 에워싸고 통성 기도를 올리는 목소리만 적막한 백록담의 정적을 깨뜨릴 뿐이다. 등산이란 언제나 그런 것이려니 하는 생각으로 스스로 허전한 마음을 달래었다.

온갖 괴로움과 쓰라림을 무릅쓰면서도 저 능선만 오르면 또 다른 세계가 다가들 것 같은 그런 희망으로 언제나 산행을 하지 않던가. 언제부턴가 우리 인생도 등산과 하등 다를 게 없다는 생각을 해왔다.

이 쓸쓸하고 허랑한 백록담을 뒤로하고 또다시 발걸음을 옮겼다. 다시 또 오른다는 것이 내 일생에서는 어려울 것이라는 생각을 하면서……. 일몰시간이 빠른 동짓달이기 때문에 해지기 전에 어리목까지 부지런히 하산을 해야만 서귀포에 닿을 수 있다.

여기서 어리목까지는 7.1km이다. 내려가는 길이 너무나 가파르다보니 오르는 길보다 수월치 않다. 돌로 계단을 만들었으나 어그러지고 망그러져서 흔적조차 찾기 어려운 곳도 많다. 오른쪽은 천길 낭떠러지다. 미끄럼을 방지하기 위해 목책을 둘렀다. 성판악에서 오르는 완만한 길과는 너무나 대조적이다.

하산 길은 서울에서 온 학생들과 함께하게 되어 오를 때처럼 외롭진 않았다. 사람은 역시 사람들 틈새에서 서로 부대끼며 살아가는 사회적 동물인가 보다. 올랐던 길과는 달리 둘만의 호젓함에서 벗어나 또 다른 정취를 느낄 수가 있어 좋다.

군데군데 등산로를 고치고 다듬은 흔적이 역력했지만 무서운 속도로 자연이 훼손되어 간다는 게 못내 안타깝다. 사람의 발길이 이토록 무자비하게 자연을 파괴한다는 것을 실험적으로 느낄 수 있었다. 과연 휴식년제를 실시해야 한다던 국립공원 관리소 측의 이야기들이 실감난다.

땀이 흐르다 못해 점퍼 손목에서 물이 줄줄 흘러내린다. 가다가 쉬고, 또 쉬어도 뻣뻣한 다리는 좀처럼 풀리지 않는다. 발이 아파서 걷기가 무척 힘들다. 평소 많이 걸어보지 않았던 아내가 주저앉지 않아 그나마 천만다행이다. 아내가 새로 사 신은 신발이 발에 익숙지 않아 뒤꿈치에 물이 잡혀 쓰리다고 했다. 휴지를 말아 아프지 않게 꼭 끼워 주었다.

내려오는 길은 흡사 생사를 건 모험 그것이었다. 얼마쯤 내려오니 서울에서 온 팀 중에 낙오자가 생겨 들것을 가져가야 된다고 잰걸음으로 허겁지겁 앞질러 사람이 내려가고 있었다. 우리와 동행했던 여학생도 걱정스럽다고 되돌아 올라갔다. 체중이 유달리 많이 나가는 어떤 부인이 다리에 경련이 일었을 것이라고 했다.

한참이나 내려왔는데도 백록담 정상이 우리 뒤에 가까이 서 있다. 어디선가 까마귀들이 난데없이 '까악!' '까악!' 울어댄다. 시커멓게 큰 까마귀들이 우리 머리 위를 맴돌면서 기분 나쁘게 우짖는다. 막대를 던져 쫓으면 멀리 날았다가 다시 우리 곁으로 모여든다. 이것들이 아예 우리를 먹을거리로 아는 건지 기분이 썩 좋지 않다.

어찌나 강행군을 했던지 발바닥의 감각이 무디어진다. 윗세오름 대피소가 우리 앞에 다가선다. 우린 대피소에 들러 우선 허기를 달래자고 컵라면과 커피를 주문했다. 한 끼를 걸렀다고 이렇게 라면이 맛이 있을 수 있을까. 사람은 역시 힘든 고통을 경험한 뒤라야 인생의 참맛을 제대로 음미할 수 있는가 보다. 잠시 싸늘한 시멘트 의자에 걸터앉아 한라산 대피소의 인스턴트 커피를 마셨다. 커피 맛을 제대로 알지 못하는 나였지만, 커피 맛이 그렇게 감미로울 수가 없었다.

어리목에 닿았을 때 차편이 끊어지면 큰 낭패라는 생각에서 잠깐 숨을 돌리고 또 잰 발걸음을 옮겼다. 가히 1950m라던 한라산 정상의 높이가 실감이 난다. 다리를 끌다시피 옮기면서 천신만고 끝에 어리목에 닿았을 때는 이미 어둠이 온 대지에 깔려 있었다. 자연의 물상物像들이 어둠에 빨려들어 보이질 않고, 산 능선만이 하늘과 대조되어 하나의 곡선으로 누워 있다.

'한라산 등반을 기필코 해냈구나.' 하는 안도의 숨을 내쉬기도 전에 서귀포로 가야 하는 길이 큰 걱정이다. 차편이란 차편은 모두 다 끊어져버려서 어떻게 호텔까지 가야 할지 막막하기만 하였다. 속수무책으로 어쩔 줄 모르고 서 있는데, 마침 관리소의 미니버스가 제주를 간단다.

사람은 역시 어느 경우에서건 살길이 있나 보다. 버스에 올라 의자에 몸을 맡기니 졸음이 물밀듯이 온몸에 밀려온다. 산보나 하고 내려온다던 우리 내외가 한라산을 종주했다니 우리 스스로도 믿겨지지 않는다. 정말 한바탕 꿈결 같다. 우리 인생도 이럴 것이라는 허무한 생각이 물밀듯 가슴팍을 파고 든다.

(1993)

날 선비의 온고지신溫故知新

황송문 詩人 · 선문대 명예교수

제정신을 차릴 수 없을 정도로 급변하는 속도전 시대에 옛것을 익히고 그것으로 미루어 새로운 것을 탐구해 가는 자세는 보기 드문 선비정신의 풍향風向이라 하겠다. 전일환 교수는 본디 고전문학을 전공하는 국문학자다. 그는 『조선가사문학론』(1990년)에서 가사문학의 기원을 어느 한 시형의 영향이라기보다 민요나 향가 등 우리의 문학적 토양 위에서 중국의 한시문학의 영향을 종합적으로 받아 승화, 발전되었다고 주장한, 90년대 가사문학의 연원과 기원설의 원조元祖인 셈이다.

그는 한국언어문학회 회장을 비롯, 국어문학회 회장과 여러 학회의 이사 등을 두루 맡거나 역임했다. 그런 그가 지천명을 훨씬 넘긴 나이에도 대학의 여러 주요 보직을 거쳐 최근에는 대학의 부총장직을 두 번씩이나 연임하는 등 학문 밖의 외도를 하기도 했다. 그러한 분주하기 이를 데 없는 와중에서도 일찍이 수필문단에 데뷔하여 틈틈이 수필을 써서 발표해 왔다.

그가 수필작품을 통해서 피력한 발성發聲은 주로 선비정신과 향토정서, 사회정의, 문명비판인데, 그 근저에는 단단한 선비의 옹골진 고집이 버티고 있음을 알 수 있다. 그의 향토 정서 속에는 부모형제 일가친척이라든지, 선산을 포함한 산천 초목이 있고, 언제나 인간을 따뜻하게 감싸 안는 인간애가 포함된다.

수필에 담겨진 사물들을 살펴보아도 그의 관심이 어디에 가 있는지 용이하게 짐작할 수 있다. 가령 「선인들의 숨결」이나 「강호의 삶」, 「거연정 가는 길」, 「꿈속의 고향」, 「여울낚시」 등의 제목만 보아도 그의 정신세계의 풍향을 짐작할 수 있다.

전일환 수필집 가운데 모두冒頭를 장식한 「숭엄한 자연의 꾸짖음」은 그가 인간사회에서 배반당하고 소외된 데서 오는 염세를 대자연에서 상쇄하는 방향성을 보이고 있다. 한때 터무니없이도 대학에서 해직을 당하고, 언론을 통하서 난도질당할 대로 당한 그가 표현하는 발성은 다음과 같다.

> 나는 요즘에 와서야 이제까지 '참' 이었던 사실들이 '거짓' 이었다는 것을 깨닫게 되면서 헛세상을 산 것같아 스스로 부끄러워하면서 그런 세상을 한탄하고 있다. 내 곁의 동료가, 나의 절친한 친구가, 그리고 내가 존경하고 따랐던 사람들의 모습이 내가 인식했던 '참모습' 이 아닌 허상虛像이었다니……. 그로 인해 밀려드는 실망과 회의가 얼마나 나를 채찍질하고 비아냥거리는지 모른다.
>
> 「숭엄한 자연의 꾸짖음」

세상에서 가장 힘들고 참기 어려운 일이 배신背信이다. 믿었던 사람에게서, 절친한 친구로부터, 그리고 존경했던 사람으로부터 배신을 당한 절망은 견딜 수 없는 아픔과 한을 남긴다. 상황이 어려우면 사람들이 외면을 하고, 얻을 게 없으면 등을 돌리는 게 세상의 싸늘한 인심이다. 그래서 논어에서는 세한송백歲寒松柏으로 변화무쌍한 인간들을 경계했다. 추운 겨울이 되어야 소나무와 잣나무가 시들지 않음을 안다는 것이다.

세상의 풍향 따라 변절을 밥 먹듯 해버리는 인간들을 아프게 채찍질하는 말일 터이다. 정승 집 개가 죽으면 문상객이 넘쳐나도 정작 정승이 죽으면 초상마당에 파리가 날린다고 했던가. 전 교수는 대학민주화에 앞장선 문제로 해직을 당했을 때 이런 세상인심을 처절하게 체험을 했을 것으로 보인다.

그래서 그는 그의 말마따나 '이제까지 참이었던 사실들이 거짓이었다는 것을 깨닫게 되면서' 배신감 속에 괴로워했다. 믿음이 사라진 사회, 염치를 모르는 사회, 부끄러움을 모르는 사회에서 그는 진실한 발성을 절절히 토로했다. 이러한 모습은 그의 「부끄러움의 미학」에도 여실히 나타나 있거니와 「대학서경」에도 소상하게 드러나 있다.

> 세상이 각박하고 사람들이 싫어질 때면 더욱 그 때의 할머니 품속이 그립고 고향이 그리워진다. … 잘 알지도 못하면서 남의 이야기를 거침없이 무책임하게 늘어놓는다. 한 이태 동안 나는 풍문에 휘말려 얼마나 억울하게 몸살을 앓았는지 모른다.
>
> 「대학서경」 중 일부

제2장(천둥소리)은 주로 해외 나들이에서 얻은 것이라면, 제3장(그 말 한 마디)은 향토정서를 나타내고 있다. 그는 세

상에서 받은 아픔과 상처를 어머니 품속 같은 자연에서 달래고 있다. 「꿈속의 고향」이나 「그 말 한 마디」가 그런 유에 속한다. 자연은 「청산별곡」에서 배경이 된 청산青山이다. 청산에는 머루랑 다래가 있고, 울며 날아가는 새도 있으며, 올 사람도 갈 사람도 없는 고독한 밤도 있다.

절연絶緣된 청산은 고려적 '몽고의 난'으로 인해 전국토가 초토화됐을 때, 유랑농민들이 산천을 떠돌면서 그들의 아픔과 서러움이 앙금이 되어 서려 있는 자연이다. 떠돌던 농민들이 한곳에 정착하지 못한 한을 「청산별곡」에 담아 스스로를 위로했던 것과 궤를 같이한다고 할 수 있다.

> 과도한 물질문명의 발달로 인해 오염되어 산성비가 내리니 기름진 옥토가 메말라가고 모든 것들이 썩어들어 오래 견디지 못하고 있다. 강물이 더러워져 물고기가 떼죽음을 당하고 있으니 이 죽음의 강은 언제쯤 인간을 그리로 몰아넣을 것인가 두렵기 짝이 없다. 설상가상雪上加霜으로 인간의 부수물인 물질이 인간의 정신을 앞질러 주객이 전도된 가치혼란의 와중에서 인간은 허덕이고 있다. 인간에게 있어야 할 윤리라든지 규범이 일체의 물질 앞에서 효력을 잃은 것도 어제 오늘이 아니다.
>
> 이럴수록 비록 불편했고 어려웠지만 내 고향 어린 시절의 꿈속에 머물고 싶어진다. … 하루해가 지면 황혼이 오고, 넓은 마당엔 멍석이 깔리고 저녁상이 푸짐했다. 할아버지, 할머니, 아버지와 함께 온 식구가 저녁상을 물리면 매캐한 모깃불 연기가 희부옇게 밤하늘에 피어올랐다. 극성을 떨던 모기떼들도 한풀 꺾이고 할머니는 도란도란 구수한 옛이야기 꽃을 피운다.
>
> 「꿈속의 고향」 중 일부

현대문명에 대한 날카로운 비판을 하는 한편, 과거 어린 시절 원시에의 향수가 아련히 담겨 있다. 하지만 과거와 현재, 느림의 농경사회와 속도전을 벌이는 첨단과학시대에 전 교수는 이 양면성을 조화롭게 극복함으로써 사람답게 사는 길을 모색하고 있다. 이러한 의식의 풍향은 그의 선비정신을 더욱 견고하게 한다. 가령 그의 수필 「강호의 삶」이나, 「거연정 가는 길」이 그의 이러한 경향을 뒷받침하기에 충분하다.

> 「노계가」에서는 붕어회를 맛보고 눌어와 생꿩을 섞어 구워서 소주를 즐기는 멋을 노래하고 있다. 취한 벌건 얼굴에 복숭아 꽃잎이 꽃비처럼 내리는 모습은 한 폭의 선경仙境을 담은 동양화를 연상케 한다. 디스토마의 위협 때문에 맛볼 수가 없지만, 붕어회 역시 별미 중의 별미라고 한다. 그래서 진짜 미식가들은 이런 맛을 즐기고 그 지독한 구충제를 먹고 건강을 유지한다니 그들의 식도락이 부럽다. …청징한 자연 속에 더불어 살았던 우리네 선인들은 오늘날 우리들처럼 오염으로 걱정하는 이런 간디스토마의 공포를 느꼈을 리가 없다. 그런 자연과 더불어 순응하며 살았던 선인들이 한없이 부러워진다.
>
> 「강호의 삶」 중 결말부분

> 구한말 을사보호조약이 맺어지자, 망국의 울분을 참지 못하여 음독 자결한 우국충절 대사헌 송병선의 찬기撰記가 여기에 걸려 있다. 언제나 조국을 걱정했던 지사들의 한 맺힌 숨결이 어디를 가나 숨 쉬고 있어 세상의 영리榮利에 눈먼 오늘의 우리들로 하여금 되돌아보게 한다. 시인, 묵객, 유

럼들이 끊이질 않고 서산서원과 거연정을 찾았던 그 멋스런 옛날이, 지금은 모두들 객지로 떠나버린 흡사 유령 같은 농촌과 너무 큰 대조를 이루어 쓸쓸하기만 하다.

「거연정 가는 길」 중 일부

이상 두 편의 수필도 전 교수의 선비다운 풍모를 수월하게 읽을 수 있다. 앞의 「강호의 삶」은 민물고기를 즐기는 현대의 식도락과 만연한 기생충간디스토마에서 동기를 얻어 인간과 자연의 상호 수수작용을 통한 공생의 원리를 토로했다면, 다음의 「거연정 가는 길」은 고결한 선비였던 선조와 조부의 족적을 더듬어 정자를 찾아가는 노정을 모티프로 하여 역시 인간과 자연이 둘이 아니고 하나여야 참 일치가 된다는 물아일체物我一體의 경지를 설파하고 있다.

전일환 교수는 이 시대 남아 있는 마지막 선비라 할 수 있다. 그의 이러한 날 선비정신이 이 한 권의 수필집에 그대로 녹아 있다. 그의 말처럼 아무리 실사구시의 이공학이 대접을 받고 잘 나가는 세상이라지만, 인본중심의 국문학과 같은 인문학이 바탕이 되지 않는다면 진정한 행복의 가치를 알 수가 없을 것이다.

이 수필집에는 전 교수가 말한 대로 그가 전공하고 있는 국문학 연구실 속에서 묻어 온 편린들, 외국여행에서 주워온 것들, 삶터에서 몸소 겪은 희로애락, 그가 몸담아 온 대학에서 뼈저리게 체험했던 동료들의 여러 행태가 담겨 있다. 그러한 일상에서 담담하게 보여주는 날 선비의 온고지신은 전 교수 자신의 삶의 해법이기도 하다. 갈수록 우리의 본디 선비정신을 찾아보기 힘든 오늘날, 이 한 권의 수필집은 그러한 의미에서 올곧은 한 선비의 에세이 교범이라 할 수 있다. ■

그 말 한 마디

초판인쇄 / 단기4340년 서기2007년 10월 15일 인쇄
초판발행 / 단기4340년 서기2007년 10월 19일 발행
저　　자 / 전일환
발 행 인 / 황송문
펴 낸 곳 / 문학사계사
주　　소 / 서울특별시 영등포구 문래6가 56-1 미주프라자 B-102호
등　　록 / 2005년 9월 20일 제318-2007-000001호

정가 9,000원

●배포처 / 자유문고 (02) 2637-8988